KB168103

# 호흡공동체

# 호흡공동체

미세먼지, 코로나19, 폭염에 응답하는
과학과 정치

전치형 김성은 김희원 강미량 지음

창비

# 혼자 쉬는 숨은 없다

우리는 공기위기를 겪고 있다. 미세먼지, 코로나19, 폭염은 우리가 함께 숨쉬며 살 수 없도록 만든다. 더러운 공기, 위험한 공기, 뜨거운 공기의 위협 앞에서 우리는 같은 자리에서 서로 숨을 섞는 것을 두려워하고 각자의 공기주머니를 만들어 그 안으로 도피한다. 공기청정기, 에어컨, 비대면 배달앱 등 기술이 만들어주는 자기만의 안전한 호흡공간에서 겨우 안도하며 숨을 쉰다. 한 사람이 두려움 없이 숨을 쉴 수 있는 공기주머니의 크기는 점점 작아지고, 우리는 그 바깥의 존재들과 숨을 바꿔 쉬려 하지 않는다. 공기위기는 숨바꿈의 위기이고, 숨바꿈의 위기는 곧 공동체의 위기가 된다. 우리는 미세먼지, 코로나19, 폭염이라는 3중의 공기재난을 겪고 나서도 과연 같이 숨을 쉬면서 공동체를 유지할 수 있을 것인가.

공기위기는 우리로 하여금 인간과 공기와 사회의 관계를 다시 생각하게 한다. 공기는 인간이라는 생물학적 존재의 기본 조건이고, 인간이 맺는 모든 사회적 관계의 자연적 토대다. 공기를 마심으로써 개인은 생명을 유지할 수 있고, 공기를 함께 마심으로써 우리는 공동체를 이루고 살 수 있다. 가장 당연하고 가장 자연스러운 조건인 공기에 문제가 생길 때 우리의 건강과 일상과 공동체는 위기에 처한다. 우리는 흔히 공기를 인간 몸 바깥의 것으로 여기고, 또 공기를 사회가 아닌 자연에 속한 것으로 여긴다. 그러나 우리는 공기라는 영원불변의 자연 속에서 '사회적 동물'로 고고하게 살고 있는 것이 아니다. 우리는 인간의 사회적 활동이 공기를 뒤흔들고 다시 공기가 우리의 사회적 관계를 뒤흔드는 순환에 휘말려 있다. 사회는 공기를 통해서만 지금의 사회일 수 있고, 공기도 사회를 통해서만 지금의 공기가 된다. 공기는 자연의 매질인 동시에 사회의 매질이다.

미세먼지, 코로나19, 폭염의 공기위기를 거치며 우리는 '사회적 관계'가 곧 '공기관계'라는 것을 이해할 수 있게 되었다. 어떤 공기를 누구와 나누어 마시느냐 하는 문제가 우리의 모든 사회적 활동과 정치적 행위의 중심에 들어왔기 때문이다. 이 책에서 우리는 '공기관계'를 한 공동체의 구성원들이 공기를 나눠 마시는 양식이라고 정의한다. 그 양식은 공기에 대한 지식, 테크놀로지, 제도, 규범, 윤리로 구성된다. 공기를 분석하고 분배하고 통제하는 것이 사회를 유지하기 위해 긴급히 필요한 과제로 등장하면서, 공기관계를 구성하는 지식, 테크놀로지, 제도, 규범, 윤리가 빠르게 갱신되고 있다. 코로나19 확산 이후 잠시 유행한 '뉴노멀'이라는 말은 우리 사회의 공기관계가 재편되어야 한다는 인식을 담고 있다. 공기관계의 재편은 코로나19뿐만 아니라 미세먼지와 폭염 등 인간이 지구와 얽혀온 역사가 낳은 중층의 공기위기에 대응하는 일이다. 따라서 공기관계는 과학과 의료의 문제만이 아니라 교육, 노동, 젠더, 인종, 종교의 문제를 포함한다. 공기관계를 재구성하는 것은 곧 사회를 재구성하는 것이다.

최근 한국사회가 공기위기에 대응하는 모습에는 공기관계에 대한 두가지 구상 혹은 전략이 섞여 있다. 우리는 이를 '각자도생의 공기'와 '공동체의 공기'라고 부른다. 마음 놓고 호흡할 공기는 개인이 스스로 마련해야 하며 이를 위해 최대한의 재력과 기술을 동원하는 것이 오늘날의 마땅한 생존전략이자 능력이라는 생각이 '각자도생의 공기'를 중심에 두는 공기관계를 구성한다. 생명, 생계, 안전을 확보하는 일에 사회의 집단적인 노력을 기대하거나 기다릴 수 없다는 것을 수년간 학습한 시민들은 공기문제에 대해서도 각자 살길을 찾아나선다. 숨쉴 만한 공기를 찾고 또 만들기 위해 스스로 장비를 갖추고 제품을 구입하고 공간을 구축한다. 그렇게 한 몸 주위를 겨우 감쌀 만한 가상의 공기주머니를 만들고 그 안에서 홀로 숨을 쉰다. 반면 '공동체의 공기'는 혼자 쉬는 숨은 없다는 생각에서 출발한다. 우리는 하나의 공기를 나눠 숨쉴 수밖에 없으며, 함께 숨쉴 수 있어야만 각자의 생명과 생계와 안전도 도모할 수 있다는 생각이 '공동체의 공기'를 중심으로 하는 공기관계를 구성한다. 이 공기관계는 우리가 마음 놓고 숨쉴 수 있는 공기주머니를 한 몸이 아니라 공동체 전부를 감쌀 정도로 확장하는 것을 지향한다. 공동체의 공기관계에는 개인이 아니라 공적 기관과 제도가 적극적으로 개입하고 이를 위해 공적 지식과 기술이 투입된다. 미세먼지, 코로나19, 폭염에 대응하는 과정에서 우리는 각자도생의 공기를 판매하고 소비하는 비즈니스 전략과 공동체의 공기를 관리하고 개선하려는 공적 활동을 동시에 목격하고 있다.

우리는 미세먼지, 코로나19, 폭염의 위기를 거치면서 한국사회의 공기관계가 각자도생 또는 공동체를 지향하면서 재편되는 현장을 포착하려 했다. 카이스트 인류세연구센터에 참여하면서 인간사회가 지구와 맺는 관계를 포착하는 연구를 구상하던 우리는 2019년 봄 미세먼지 사태를 관찰과 조사의 첫 대상으로 삼았다. 연구를 시작하면서 붙인 제목은 '공기풍경'이었다. 오염된 공기에 대한 불안과 공포, 미세먼지를 분석하기 위한 과학 연구, 공기공포를 신제품 출시를 위한 기회로 활용하려는 시도, 맑은 공기를 되찾아오라는 시민의 요구에 응답하려는 정책 등 공기를 둘러싸고 벌어지는 사회적 논의와 실천을 하나의 풍경으로 그려보자는 생각이었다. 평소 눈에 보이지 않(는다고 믿었)던 공기가 미세먼지로 인해 그 존재를 뿌옇게 드러내면서 기존의 공기지식, 공기테크놀로지, 공기제도, 공기규범, 공기윤리로 다 대응할 수 없는 문제가 발생했다. 광화문 광장에 모여 "공기 잃은 나라엔 미래가 없다!"라고 구호를 외치면서 시민들은 공기를 정치의 대상으로 삼으라고 촉구했다. 시민들은 여전히 공기과학과 공기정치의 응답을 기다리고 있다.

2020년의 코로나19 팬데믹은 미세먼지와는 다른 방식으로 한국의 공기관계를 흔들어놓았다. 바이러스의 확산은 광장에 모여 공기문제를 해결하라고 구호를 외치는 일 자체를 어렵게 만들었다. 같은 공간에 두 사람 이상이 모여 숨을 섞는 일, 그러니까 모든 사회적 활동의 기초가 잠재적 위험이 되었다. 바이러스를 품은 공기가 누구에게서 누구에게로 옮겨갔는지, 밀폐된 실내에서 공기가 사람 사이를 어떻게 흘러다니는지 밝히는 데 과학과 행정의 역량이 집중되었다. 과학자와 공무원이 힘을 합쳐 바이러스와 공기와 사람을 따라다니면서 새로운 공기지식을 생산했다. 이렇게 얻어진 공기지식은 서로 숨이 섞이지 않을 만큼 사람들이 흩어져야 한다는 새로운 공기규범으로 이어졌다. '비대면'이라는 명제가 코로나19의 공기관계를 지배하게 되었다. 물론 숨을 섞지 않는 비대면 관계만으로 사회를 유지할 수 없다는 사실은 우리 모두 알고 있다. 우리가 새롭게 개발해야 하는 것은 거리를 두면서도 서로 연결된 공기관계를 구성하기 위한 세심한 조율과 배치의 기술이다. 바이러스를 품은 공기의 위험이 완전히 사라지지 않은 상태에서 어떻게든 자리를 같이하고 해야 할 일들을 해내는 방법이다.

우리가 마지막으로 관찰한 것은 점점 뜨거워지는 공기 속에서 새롭게 흩어지고 모이는 사람들의 관계였다. 여름이 더운 것이야 오래된 일이지만, 견딜 수 없을 만큼 뜨거운 날이 더 많아지면서 더 많은 사람의 건강을 해치는 경향은 지난 몇년 사이 뚜렷해졌다. 공기가 정확히 어떤 방식으로 얼마나 뜨거워지는지 밝히기 위한 폭염의 과학은 이제 막 본격적으로 시작되었다. 폭염과학은 어디론가 잠시 떠나는 '피서'로는 우리가 사방에서 뜨거워지는 공기를 피할 수 없다고 알려준다. 뜨거운 공기 속에서 일하고 생활하는 사람을 보호하기 위한 정책도 겨우 모양을 갖춰가고 있다. 전례없는 더위 앞에서 과학과 정치가 주목할 대상은 아무런 보호막 없이 뜨거운 공기에 노출될 수밖에 없는 사람들이다. 미세먼지나 바이러스를 품은 공기와 마찬가지로, 폭염의 뜨거운 공기는 모두에게 공평하게 퍼지지 않는다. 필요할 때마다 자기 몸 주위의 공기를 시원하게 만들 형편이 되는 사람과 그렇지 않은 사람의 간극이 폭염의 공기관계를 규정하는 핵심 척도다. 폭염은 우리가 누구와 어떤 공기를 나눠 마시려 하는지 다시 묻게 한다. 이것은 피서의 에티켓이 아니라 피난의 윤리에 대한 문제다. 뜨거운 공기 앞에서 흩어진 사람들을 어떻게든 다시 모아 공동체를 꾸리는 일이다.

공기위기의 세 사례 모두에서 우리는 서로 다른 공기관계를 구성하는 데 핵심적인 역할을 하는 '공기과학'에 주목한다. 각자도생을 위해서든 공동체를 위해서든 우리에게는 공기의 성질과 흐름, 공기에 실려 떠다니는 것들의 실체와 특성, 위험한 공기가 사람의 건강과 사람 사이의 관계에 미치는 영향에 대한 지식이 필요하다. 기업, 대학, 정부가 나름의 방식으로 이런 지식을 생산하고 있다. 그러나 공기관계를 구성하고 이를 통해 사회를 구성하는 데 참여하는 공기과학은 단지 정보와 데이터의 덩어리가 아니다. 여기서 우리가 관찰하고 해석하는 과학은 지식이자 실천이고, 앎과 삶을 연결하는 다리다. 반복되는 공기재난의 시대에 공기과학은 더 탄탄한 지식이 더 나은 결정과 행동으로 이어지도록 하는 역할을 맡는다. 이런 의미에서 과학은 사회적 행위이고, 가치의 표출이고, 그 자체로 하나의 지향이다. 각자도생의 공기과학과 공동체의 공기과학은 서로 다른 방향을 가리킨다. 우리는 각자도생의 공기과학이 만들어내는 지식과 제품을 매우 흥미롭게 관찰했지만, 이 책에서 우리가 더 옹호하는 것은 공동체의 공기과학이다.

함께 숨쉴 수 있는 공기주머니의 크기를 최대한 키우려는 공기과학에서 우리는 곤경에 처한 공동체의 요청에 응답하는 새로운 과학의 역할과 위상을 발견한다. 이 책을 통해 우리가 가능성을 찾고 관심을 촉구하려는 과학은 공공의 과학science for the public good, 돌봄의 과학science as care, 현재의 과학science of the present이다. 미세먼지, 코로나19, 폭염의 현장에서 우리는 이러한 과학이 묵묵히 작동하고 있음을 보았고, 그럼에도 여전히 공동체의 공기와 삶의 조건을 이해하고 개선하는 과학에 합당한 관심과 지원이 부족함을 깨달았다. 전례없는 공기재난은 전례없는 과학을 요청하고 있다.

'공공의 과학'은 공동체를 위기에서 지켜내는 데 과학이 사용될 수 있다는 사실을 강조하는 개념이다. 현재의 위기를 우리의 공동 의제로 인식하고 이에 대응하기 위한 공적 자원으로서 과학의 도움을 구하는 것이다. 광범위하고 전면적인 공기위기 속에서 과학의 공공성은 그 어느 때보다 더 중요한 가치다. 미세먼지, 코로나19, 폭염이 기승을 부릴 때, 우리는 각자도생의 정신으로 살길을 모색하면서 당장 내 몸 주위의 공기를 확보하는 데 과학기술을 활용할 수도 있다. 건강에 관심이 많고 경제적으로 여유가 있는 사람들은 기업이 공기를 연구해서 내놓은 공기청정기와 에어컨 같은 제품을 사서 각자의 공기문제를 해결할 수도 있을 것이다. 하지만 공기는 각자의 코앞에만 있는 것이 아니고 공기위기는 개인이 선택할 수 있는 문제가 아니다. 개인의 코앞의 공기를 깨끗하고 안전하게 만드는 데서 멈추지 않고 한반도 전체의 공기를 연구 대상으로 삼아 그 상태를 측정하고 분석하는 것은 개인이나 기업이 맡을 수 없는 큰 규모의 과학이고 시간이 많이 걸리는 느린 과학이다. 게다가 딱히 이윤을 내기 어려운 비싼 과학이기도 하다. 이런 공적 과학 연구가 만들어내는 공기 데이터와 지식이 없다면 우리는 지금의 공기위기를 이해할 수도 없고 이에 효과적으로 대응할 수도 없다.

공동체가 위기에 처했을 때는 또 '돌봄의 과학'이 필요하다. 돌봄의 과학은 우리 사회가 무너지지 않도록 약한 곳을 찾아내고 구멍을 메꾸어주며 우리 사회를 떠받쳐주는 과학이다. 코로나19의 위기 속에서 우리는 바이러스를 품은 공기가 사회의 어느 영역으로 더 쉽게 파고드는지 알게 되었다. 밀집·밀접·밀폐 환경에서 살고 일하는 사람들이 왜 바이러스에 더 취약한지 비로소 분석할 수 있었다. 즉 코로나19라는 감염병을 이해하려는 시도를 통해 우리는 한국사회에 대해서도 더 많이 알게 되었고 더 많은 돌봄이 필요한 곳이 어디인지 파악할 수 있었다. 평소에 잘 어울리지 않던 단어인 '과학'과 '돌봄'이 위기 상황 속에서 서로 연결된 것이다. 폭염과 미세먼지의 위기에서도 돌봄의 과학이 해야할 역할이 크다. 우리는 뜨거운 공기가 사람의 몸, 특히 밖에서 일하는 사람의 몸에 어떤 영향을 미치는지 더 많이 알아내야 한다. 또 개인적으로 냉방설비를 갖출 여유가 없는 사람들에게, 그중에서도 노인과 장애인에게 폭염이 미치는 영향을 분석할 필요가 있다. 폭염의 공기는 약한 사람들에게 더 가혹하게 작용하기 때문이다. 마찬가지로 미세먼지가 건강에 미치는 영향도 그 사람의 사회적 조건에 따라 달라진다. 더 열악한 공기조건에 더 오래 노출된 사람들에게 미세먼지는 더 큰 위협이 된다. 이런 사람들을 대상으로 하여 축적된 데이터는 곧 이들에 대한 사회적 돌봄의 요청으로 연결될 수 있다. 돌봄의 과학은 위기 상황에서 가장 먼저 무너질 사람들을 가장 먼저 살피기 위한 과학이다.

마지막으로 '현재의 과학'은 지금 여기의 문제에 응답하는 과학이다. 연이어 발생하는 재난은 우리의 지식과 기술이 얼마나 준비되어 있는지, 빠르게 변화하는 상황에 얼마나 잘 대응할 수 있는지 시험한다. 재난은 우리가 어제까지 확실하게 안다고 생각한 지식이 무효화되고, 그 답을 모른다는 것도 몰랐던 질문이 터져나오는 혼란 상태다. '현재의 과학'은 닥쳐온 위기 속에서 지금까지 알려지지 않은 것, 고정되지 않고 계속 변화하는 것을 따라다니며 사실을 축적하는 과학이다. 당장 확실하고 보편적인 법칙을 이끌어내거나 만고불변의 진리를 찾지는 못하겠지만, 현재의 위기를 그 현장에서 관찰하고 기록하고 분석하는 작업이다. 미세먼지, 코로나19, 폭염의 현장에서 과학자들은 끈기 있게 데이터를 모으고 검증하고 갱신하면서 우리가 과연 어떤 상태에 놓여 있는지 이해할 수 있도록 도와준다. 그렇게 만들어진 지금 여기에 대한 지식은 다음 단계로 나아가기 위한 사회적 의사 결정의 재료가 된다. 지금 여기의 곤경에 주목하는 과학은 세상을 깜짝 놀라게 하지 않는다. 천문학적 경제 효과를 약속하지도 못한다. 그렇다고 재난의 고통을 전격적으로 해결해주는 것도 아니다. 하지만 '현재의 과학'은 우리가 당면한 문제가 무엇인지 제대로 진단하고 이를 감당할 수 있는 힘을 준다. 세상을 뒤흔드는 대신 세상의 평온을 유지하는 데 필요한 과학이다.

공공의 과학, 돌봄의 과학, 현재의 과학은 위기에 처한 공동체의 공기관계를 재설정하는 일에 참여한다. 이는 정치로부터 고립되거나 분리되지 않은 과학이다. 오히려 정치에 호응하고 정치와 협력하며 영향을 주고받는 과학이다. 미세먼지, 코로나19, 폭염이라는 3중의 위기에 응답하는 일은 과학과 정치가 공동으로 사실과 가치, 지식과 실천, 분석과 돌봄을 연결할 때에만 가능하다. 그 과정에서 우리는 지금까지 상상해온 정치공동체가 실은 '호흡공동체'였음을 깨닫는다. 정치공동체는 함께 호흡하는 사람들, 상상의 공기주머니 안에서 기꺼이 숨을 바꿔 쉬는 사람들이 연결될 때만 존재할 수 있다. 또 호흡공동체는 과학과 정치가 함께 만들어내는 지식, 테크놀로지, 제도, 규범, 윤리를 통해 고유한 공기관계를 설정하고 유지한다. 같이 사는 것은 같이 숨쉬는 것이다. 혼자 쉬는 숨은 없다.[1]

차례

# 1장

# 응답하라
# 공기과학

미세먼지 앞에서
우리는 어디로
흩어지고 있는가

## "미세먼지 대책을 촉구합니다"

2019년 4월 15일 정오, 서울 종로구 광화문 광장 부근의 미세먼지(PM10) 농도는 $47\mu g/m^3$, 초미세먼지(PM2.5) 농도는 $15\mu g/m^3$이었다. 꽃놀이를 떠나도 될 만큼 맑은 날이었지만 인터넷 카페 '미세먼지 대책을 촉구합니다'(약칭 미대촉) 회원들은 광장에 모였다. 미대촉에서 주최하는 8차 집회였다. 바닥에 자리를 깔고 앉은 참가자들은 피켓을 들고 구호를 외쳤다. "중국발 오염원의 적극적인 개선책을 마련하라!" "회색 스모그 아웃, 파란 하늘을 보고 싶다!" "우리 아이들이 안전하게 숨쉴 수 있는 대책을 마련하라!" "미세먼지 해결 없이 대한민국 미래 없다." 광화문 광장에 모인 사람들은 공기과학과 공기정책을 동시에 호출하고 있었다.[1]

그림 1　미대촉 8차 집회에서 참가자들이 구호가 적힌 피켓을 들고 아이의 발언을 듣고 있다.

이날 집회에 나온 사람들은 3월 초 전국을 뒤덮은 고농도 미세먼지의 충격을 잊지 못하고 있었다. 3월 4일에 100μg/m³을 웃돌기 시작한 서울의 초미세먼지 농도는 3월 5일에 135μg/m³을 기록했다. 정부가 공식적으로 초미세먼지 농도를 집계하기 시작한 2015년 이래 가장 높은 수치였다. 서울, 인천, 경기, 세종, 충남, 충북 지역은 3월 1일부터 7일 연속으로 '고농도 미세먼지 비상저감조치'를 시행했다. 행정·공공기관 차량 2부제가 시행되고 화력발전소 출력이 80퍼센트로 제한되었다. 마스크가 불티나게 팔렸고, 보건소는 어린아이와 노약자를 위한 미세먼지 건강지침을 전달했다. 한국의 미세먼지 상황을 걱정하는 장병 가족들의 민원을 접수한 주한미군은 처음으로 장병들에게 미세먼지마스크 착용을 허용했다. 3월 13일 국회는 미세먼지를 '사회재난'의 범주에 넣는 '재난 및 안전관리 기본법' 개정안을 통과시켰지만 최악의 공기 재난은 이미 시민들의 몸과 마음에 상처를 냈다.[2]

집회 참가자들은 트럭 위 임시 무대에 올라 미세먼지에 대한 각자의 경험과 제안을 풀어놓았다. 아이의 건강을 생각해 경기도에서 강원도로 이사를 간 가족, 미세먼지로 인해 놀이터의 즐거움을 모르는 아이의 이야기가 마이크를 타고 울려퍼졌다. 아이가 다니는 학교에 가서 몰래 미세먼지 수치를 재고 온 학부모도 있었다. 그는 선생님들이 공기청정기를 조작하는 매뉴얼을 잘 알지 못하고, 사용 중인 공기청정기 유지보수가 제대로 되는지 확신할 수 없으며, 공기청정기를 틀어놓고도 쉬는 시간에 문을 열어둔 교실이 있다는 점을 아쉬워했다. 그는 또 아이에게 휴대용 공기청정기를 들려 학원에 가게 한 경험을 말하면서, 어린이집 같은 시설에 공기청정기를 들여놓기 위해서는 "일년 전부터 조직적으로 준비해야 한다"는 조언을 남겼다.

미세먼지는 사람들이 지금까지 무색무취하다고 여긴 공기를 뿌옇고 매캐하고 두려운 것으로 여기도록 바꾸어놓았다. 오염된 공기는 사람들을 압박해 여기저기로 밀어낸다. 공기를 신경쓰지 않고 살던 사람들이 광화문에 모여 공기문제에 대한 대책을 촉구하는 구호를 외치고, 공기정보를 요구하고, 공기기계를 향한 불평을 쏟아낸다. 국회와 대통령에게 응답과 행동을 요구한다. 공기는 당연히 주어지는 배경이 아니라 우리가 하루하루 감시하고 지켜내야 하는 생존의 조건이 되었다. 집회가 끝나고 집으로 돌아간 한 참가자는 미대촉 카페에 접속해 집회 참가 후기를 올렸다. "한 사람의 목소리는 일개 민원인〔의 것〕이지만, 여럿이 모여 움직이면 파도가 되어 세상을 바꿀 수 있다는 믿음으로 지금까지 달려왔습니다." 2016년 5월 29일 문을 연 미대촉 카페에는 10만명 가까운 회원이 있다(2021년 4월 기준). 공기에 대한 10만명의 공포와 분노를 한 방향으로 모으고, 모두가 만족하는 해결책을 내는 일은 가능할 것인가. 카페에 가입하거나 집회에 나오지는 않았지만 오염된 공기를 같이 마셔야 하는 모든 사람의 불안에 응답하는 과학과 정치는 어떤 모습이어야 하는가.

## 공기공포의 짧은 역사

공기에 대한 공포가 대한민국을 덮친 것이 2010년대의 미세먼지 때가 처음은 아니다. 1970년 6월의 『경향신문』 기사가 적절히 표현한 것처럼 "기승부리는 현대의 공포"인 대기오염은 "60년대 초부터 고개를 쳐들기 시작"해 시대에 따라 그 종류와 양태를 바

꾸어가며 등장했다.[3]

1970년 6월 서울지방법원은 무시할 수 없을 정도로 공해가 심각해진 당시의 상황을 반영하는 역사적 판결을 내렸다. 서울 서대문구 홍제동에 사는 30세 최헌민 씨는 자신이 걸어서 출근하는 무악재 고개 옆으로 매일 심한 매연을 뿜으며 지나다니는 버스의 운행을 중지시켜달라고 서울지방법원에 청구했다. 법원은 삼미운수 등 세개 시내버스 운수회사에 매연정화 장치인 가스정화기를 달기 전까지 버스 운행을 중단하라는 명령을 내렸다. 이 가처분 소송은 법원이 매연으로 인한 시민의 피해를 최초로 인정한 사건으로 기록되었다. 매일 매연으로 고통받는 일을 "인격권의 침해"로 인정하면서 당시 법원은 대기오염이 대한민국이라는 정치공동체가 더이상 좌시할 수는 없는 문제가 되었다고 선언했다. 1970년대 한국에서 매연은 대기오염의 대명사이자 중요한 공중보건 이슈였다.[4]

공해 피해가 두드러지기 시작하던 1970년대에 바라본 한국의 미래는 부국강병의 밝은 전망으로만 차 있지 않았다. 1971년 한국과학기술연구소가 한국미래학회와 공동으로 수행한 미래예측연구는 2000년에는 대기오염으로 인한 공포가 더욱 심각해질 것이라고 예상했다. "자동으로 치료가 가능한 병원" "인조육" "교환수 없는 전자교환기" 등 수많은 과학기술이 눈에 띄게 발전할 2000년대의 한국은 전통적인 공포의 대상이었던 질병, 기근, 노동의 고통이 사라질 '낙원'과도 같은 곳이었다. 하지만 다른 한 편으로 산업화와 더불어 더욱 심각해질 대기오염이 '핵공포'에 맞먹는 새로운 위협으로 등장할 것이라는 전망도 있었다. 사람들이 앞으로 공기를 다스리지 못한다면 2000년에는 "산소마스크를 끼고 도시생활을 해야 할 판"이라는 것이 미래학자들의 예측이었다. 심지어 2030년에는 대기오염 때문에 인류가 멸망할 수도 있다는 비관적인 추측도 나왔다. 이들은 파국을 막기 위해 공기를 더럽히는 공장들에 "공기세"를 부과하거나 "비행기가 도시 상공에 정화제를 뿌"리는 등 당시로서는 상상하기 힘든 대책이 필요할지도 모른다고 예견했다. 미세먼지 대응을 위한 추가경정예산이 편성되고 비행기가 바다 상공에 인공강우를 위한 구름 씨앗을 뿌리는 지금의 모습은 1970년대 미래학자들의 예측과 얼마나 다른 것일까.[5]

1970년대에는 가정에서 배출하는 대기오염물질을 줄이기 위한 다양한 대책이 등장했다. 가령 1978년에 서울시는 당시 80만채의 가정집 중 4만채만 사용하던 LPG 도시가스의 공급을 50만채로 대폭 확대하는 계획을 세웠다. 석탄을 LPG로 바꾸는 정책은 불완전연소를 줄여 서울을 비롯한 대도시의 대기오염도를 크게 낮추는 데 기여했다. 경제적 여유가 있는 사람들은 더욱 즉각적인 방법을 찾았다. 바로 "탈공해지역"에 새로운 집을 마련하는 방법이었다. 1973년 10월 건축설계사 윤봉원 씨는 잡지 『새가정』에 기고한 글에서 공해를 피해 새로운 주택을 마련할 때 집의 디자인보다 더 중요한 것은 "자연을 곁들일 수 있는 여유 있는 대지를 구입"하는 일이라고 안내했다. 경제력이 충분하지 못해 새 집을 구하지 못하는 사람들이야 공해를 피할 방법이 없지만, 여유 있는 사람들의 경우 "기계 같은 하루의 생활에 피로를 잠시나마 잊을 수 있다"는 점을 감안하면 해볼 만한 투자라는 것이 그의 생각이었다.[6]

도시 거주자 대부분에게 윤봉원 씨가 제안한 "탈공해지역"으로의 도피는 상상하기 어려운 해결책이었다. 그 대신 비즈니스맨들은 공해가 덜한 지역으로 출장을 나갈 때 잠시나마 대기오염에서 탈출할 수 있었다. 인천시 동구 송현2동에 사는 비즈니스맨 조용일 씨의 이야기가 생생하다. 1985년 서울 본사에서 근무하던 조용일 씨는 제주도로 근무지를 옮긴 후 대기오염의 심각성을 깨달았다. 서울에서는 입은 지 단 하루 만에 때에 찌들던 와이셔츠가 제주도에서는 1주일이 지나도 멀쩡했다는 것이다. 제주 근무를 마치고 다시 서울로 돌아왔을 때 조씨는 대청소를 한 다음 불과 이삼일 만에 집안에 먼지가 가득한 것을 보고 충격을 받았다. 그가 새로 산 "고성능 전기청소기"도 사방에서 침투하는 먼지를 막아줄 수 없었다. 조용일 씨 같은 대도시 시민들은 온몸이 공기센서가 되는 경험을 했다.[7]

민주화운동이 활발하던 1980년대 후반에는 정부의 미온적인 환경정책에 대한 불만이 예술작품의 틀을 빌려 뿜어져 나왔다. 1984년 7월 극단 '연우무대'는 날이 갈수록 심해지는 공해에 대한 풍자 마당극「나의 살던 고향은」을 처음 무대에 올렸다. 아황산가스, 매연, 수은 등 유독가스와 유해물질을 의인화한 등장인물들이 서로 얼마나 독한지 겨룬다는 내용의 이 창작극은 당시 86년 아시안게임과 88년 올림픽의 성공을 위해 수도권 대기정화에 총력을 기울이던 전두환 정권의 미움을 샀다. 특히 문제가 된 부분은 이 공연에 등장하는 한 인물이 당시의 유명 가요인「아! 대한민국」을「아! 공해민국」으로 개사해 부른 대목이었다.

하늘엔 유독가스 떠 있고
강물엔 중금속이 흐르고
저마다 누려야 할 행복이
언제나 짓밟히는 곳
도시는 매연으로 뒤덮여
농촌은 농약에 찌들어
우리의 모든 꿈은 끝없이
공해로 사라지는 곳
(…)
아아 공해민국!
(…)

영원토록 사양하리라

—「아! 공해민국」부분

공연윤리위원회는 이 연극이 "선동적 현실풍자 발언으로 미풍양속을 해쳤다"며 연우무대에 연극사상 처음으로 6개월 공연정지 처분을 내렸다.「나의 살던 고향은」은 민주화운동과 공해추방운동의 열기가 함께 뜨거웠던 1987년 9월이 되어서야 다시 무대에 오를 수 있었다.[8]

오염된 대기와 물에 대한 공포는 도시 사람들의 생활습관도 바꾸어놓았다. 1980년대와 1990년대에 걸쳐 도시에서는 매연이 묻지 않은 '무공해' 음식을 전문적으로 판다는 식당이 성업하고 중금속을 걸러준다는 정수기가 수십만대씩 팔려나갔다. 부쩍 늘어난 공해 공포에 대한 의견도 분분했다. 고려병원 신경정신과 과장을 역임한 이시형 박사는 오염된 공기와 물에 대한 과도한 공포가 공해병 그 자체보다도 심각한 '공해 노이로제'를 불러일으키고 있다고 지적했다. "에스키모가 추위에 잘 견디듯" 도시인도 대기오염에 충분히 적응할 수 있음에도 불구하고 너무나 많은 사람들이 공해를 지나치게 두려워한 나머지 '신경과민'에 시달리고 있다는 것이다. "공해가 두려워 떨기만 하다간 진짜 병"이 생긴다는 것이 그의 주장이었다.[9] 다른 한편에서는 공해에 대해 과도하게 수선을 떠는 것을 공동체를 해치는 일로 여겨 비판하기도 했다. 『한겨레신문』은 "가족끼리만 정화된 물이나 생수를 마시"는 행위, "농약이 무서워 농촌에 사둔 땅에 무공해 쌀을 재배"하는 행위, "공기가 맑은 교외에 집을 마련하고 사는" 행위를 콕 집어 공해에 대한 "개인주의적 몸부림"이라고 칭했다. 공해에 대한 '각자도생'의 몸부림이 이기적인 이유는 개인의 수준을 넘어서는 공동의 대응을 상상하기 어렵게 만들기 때문이었다. "공해에 대해 사람들이 심리적 공황을 느낄 때 사회 전체에는 공동의 대응보다는 개인주의적 행태가 두드러지게 나타나기 마련"이라는 게 『한겨레신문』의 진단이었다. 공기나 물을 가리는 것보다 더 중요한 것은 애초에 공해를 만든 산업화와 고도성장이라는 "신기루"를 없애는 일이었다.[10]

1990년대에는 석탄 같은 값싼 연료에서 나오는 아황산가스와 비산먼지는 줄었지만 자동차에서 주로 발생하는 질소산화물이 늘어나면서 오존 농도가 높아졌다. 소위 선진국형 대기오염으로 불리는 'LA 스모그'가 서울에서 발생하여 충격을 주기도 했다. "대기오염이 후진국형에서 벗어나 선진국형으로 바뀌고 있다"는 『매일경제신문』의 보도에서는 자동차 보급과 산업화의 결과에 대한 묘한 자부심이 엿보인다. 선진국이라면 한번쯤 감당해야 할 공포라는 것이다. 이 무렵 대기오염을 논하는 사람들은 서울의 오염된 공기를 전세계적인 환경오염의 일부로 인지하게 되었다. 한국의 스모그는 미국의 산성비, 중국의 황사, 남극의 오존층

파괴와 나란히 세계 곳곳에서 벌어지는 환경파괴를 상징하는 현상이었다. 그래서 서울의 스모그는 한국에 국한된 공포가 아니라 세계의 종말, 심지어는 "사신死神의 묵시록"을 연상시켰다. 대기오염은 "단순한 특정 지역, 특정 국가, 당시대에 국한된 것이 아니라 인류를 포함한 모든 지구 생명체의 생존 자체를 위협"하며 "오늘날 지구촌의 이곳저곳에서 나타나는 공해는 전쟁보다 더 가공할 공포심을 인류에게 안겨주고 있다"는 것이었다. 대기오염은 '지구촌'이라는 거대한 공동체의 감각을 일깨우는 역할도 했다.[11]

2000년대 들어 심해진 황사에 대한 공포는 대기오염이 국경을 초월하는 탈지역적 문제라는 사실을 더 확연하게 드러냈다. 중국과 몽골에서 기원해서 서풍을 타고 한국과 일본으로 넘어오는 '누런 공포'는 어떤 국가도 혼자서는 해결할 수 없는 문제였다. 김진현 세계평화포럼 이사장은 2005년 1월 13일 『한국경제』에 실은 칼럼에서 "한국 혼자서 파라다이스를 지킬 수 없다"고 하면서 "중국 근대 성장이 전지구적 재앙이 되지 않도록 하는 대안의 모색"을 위해 세계적 협력이 필요하다고 주장했다. 과학기술처 장관을 역임한 그에 따르면 한국 사람들은 단군 덕분에 지진, 해일 같은 자연재해의 공포에서 자유로울 수 있었고, 김치 덕분에 2003년 기승을 부린 사스Severe Acute Respiratory Syndrome, SARS. 중증급성호흡기증후군 같은 질병의 공포도 피할 수 있었다. 하지만 재해와 질병을 피했다고 해서 한국이 파라다이스로 남을 수 있는 것은 아니었다. 하늘을 메우며 덮쳐와 막기가 도저히 불가능한 황사는 한국을 중국 근대화의 "최일선의 피해자"로 만들었다. 김진현 이사장은 황사가 세계적 재앙이 되지 않도록 한국이 적극적으로 나서서 "지구공동체적 이성과 사랑"을 실천해야 한다고 말했다.[12]

2000년을 전후해 한·중·일 3국은 김진현 이사장이 염원한 "지구공동체적 이성"을 구축하고자 시도하기도 했다. 1999년 1월 13일에는 최재욱 환경부 장관, 셰전화解振華 중국 환경보호총국 장관, 마나베 켄지真鍋賢二 일본 환경청 장관 등 3국의 환경 담당 장관들이 서울 조선호텔에서 만나 '1차 환경장관회의'를 갖고 국제협력을 강화해나가자는 내용의 공동발표문을 채택했다. 한·중·일은 또 2000년부터 황사를 비롯한 여러 대기오염물질의 장거리 이동을 추적하는 연구를 함께 수행하기도 했다. 그러나 동북아를 하나의 '호흡공동체'로 묶어내려는 정치적·과학적 시도는 지난 20년 동안 뚜렷한 성과를 내지 못했다. 매년 열리는 환경부 장관들의 만남은 각국이 각자의 방식으로 공기위협에 관심을 가지고 있다는 사실을 재확인하는 수준에 그쳤다. 3국이 대기오염 데이터를 서로에게 제공하지 않는다거나 상세한 결과의 발표를 반대하는 등 각국의 이해관계에 따라 공동 연구가 지지부진해지는 경우도 많았다. 2000년을 즈음해 시작된 한·중·일 3국의 공동연구 결과는 2019년 11월 20일에야 겨우 발표됐다. 이 연구는 세 나라가 공동으로 내놓은 첫 성과라는 점에서 큰 의의가 있지만 3국이 합의한 연구라기보다 각자 따로 계산한 대기오염 기여율을 모아놓은 것에 가까워서 실질적인 변화를 이끌어내는 데 한계가 있었다. 국경을 넘지 못하는 한·중·일의 공기협력은 유럽 30여개국이 '장거리 대기오염물질 이동에 관한 협약'을 맺어 대기질을 공동으로 관리하는 데 괄목할 만한 성과를 이루어낸 것과 크게 대비된다. 유럽 국가들은 국경에 구애받지 않는 대기오염 측정망과 공동 감시체계를 구축해서 미세먼지를 2000년과 2012년 사이에 3분의 1가량으로 줄이는 데 성공했다. 한·중·일과 유럽의 국가 간 공기관계는 서로 다른 방향으로 나아가고 있었다.[13]

호흡공동체를 유지하려는 정치적·과학적 작업이 더디게 나아가는 동안 황사 속에서 자기 몸을 지키려는 공기기술이 빠르게 성장했다. 2003년 봄에는 공기가전 시장이 역대 최대의 호황을 맞았다. 황사가 평소보다 일찍 기승을 부린데다가 사스 유행으로 인한 두려움이 겹치면서 2001년 12만대에 불과하던 공기청정기 판매가 2003년에는 그 몇배로 늘어났다. 공기기계의 수요가 늘어나자 청풍, 만도 같은 중소기업이 주도하던 시장에 삼성, LG 같은 대기업들도 뛰어들기 시작했다. 시장 1위를 쟁취하기 위한 '황사 마케팅'도 활발했다. 청풍은 어린이집과 초등학교에 공기청정기를 무상으로 지원하는 캠페인을 실시하고 삼성은 아토피 환자나 임산부에게 특별한 할인 혜택을 주는 프로모션으로 더 나은 공기를 소비하려는 고객의 욕구를 자극했다. 먼지를 막아주는 마스크와 구강 세정용품을 파는 제약업체도 '황사 특수'를 맞았다. 이마트, 홈플러스, 롯데마트를 비롯한 유통사에서는 황사용품을 모아 놓은 특별전도 열렸다. 공기공포는 점점 수익 창출의 계기로 전환되었다.

## 공기기술의 두 얼굴

2019년 2월 21일 서울 서대문구 초미세먼지 농도 81μg/m³. 구름이 거의 없는 하늘인데도 뿌연 공기가 햇살을 가로막았는지 지하철 2호선 홍대입구역 거리에 그늘이 드리웠다. 일산 킨텍스 전시장으로 가는 시외버스를 기다리며 확인한 고양시 주엽동의 초미세먼지 농도는 64μg/m³이었다. 버스는 공기질이 '매우 나쁨' 상태인 홍대입구를 출발하여 공기질 '나쁨'인 일산 킨텍스를 향해 달렸다. 버스 안의 라디오에서 나오는 기상정보에 따르면 한국 상공의 대기가 정체된 상태라 오염된 공기가 다른 곳으로 이동하지 못하고 있었다. 앞으로 며칠간 미세먼지 상황은 더 나빠질 것이라고 했다.

우울한 공기예보를 들으며 찾아간 킨텍스에서는 맑은 공기를 마실 수는 없어도 맑은 공기에 대한 약속이 전시된 것을 볼수 있었다. 이날 킨텍스에서 열린 '클린 에어 엑스포'는 미세먼

그림 2 휴대용 공기청정기 '에어테이머' 전시 부스

지에 대응하는 익숙한 기술과 새로운 기술을 한자리에 모아놓았다. 공기청정기와 패션마스크처럼 이제 일상에서 흔히 볼 수 있게 된 제품들 외에도 생소하고 기발한 것들이 제법 나와 있었다. 그중에서도 손가락 두세개 너비의 펜던트가 달린 목걸이가 시선을 사로잡았다. 목에 걸고 다니는 휴대용 공기청정기 '에어테이머'AirTamer였다. 야생의 거침을 다스린다는 뜻의 영어 단어 '테임'tame을 공기를 뜻하는 '에어'air에 붙여 만든 이름이었다. 위험한 공기를 다스려서 부드럽고 온순한 공기로 만들어주는 기계라는 뜻인 것 같았다.

"미국에서 인정받은 특허 정품입니다." 에어테이머 부스를 지키던 담당자가 자리에서 일어나며 말을 걸어왔다. 부스 뒤에 걸린 플래카드에는 성조기 옆으로 "미국 수입정품"이라는 문구가 적혀 있었고, 에어테이머를 목에 건 백인 여성이 환한 미소를 짓고 있었다. "전기를 쏘기 때문에 빛보다 빠른 속도로 공기 중 오염물질을 제거합니다." "얼굴 주변에 1미터 크기의 클린보호망을 만들어 이동 중에도 미세먼지, 꽃가루, 병원균, 매연, 심지어 바이러스로부터 나를 보호해줍니다." 담당자는 믿기 어려운 과학 이야기를 동원해서 구경하는 사람들의 주의를 끌려고 애썼다. 에어테이머 팸플릿을 손에 든 중년 여성과 그 아들로 보이는 남학생이 그 설명을 유심히 듣고 있었다. 각종 공기제품이 전시장을 가득 채우고서 정화 기능을 뽐냈지만, 남학생은 맘을 놓을 수 없었는지 마스크를 벗지 않았다. 에어테이머가 약속대로 작동한다면 이 학생도 집과 교실에서 마음 편히 마스크를 벗을 수 있는 것일까. (2주 후인 2019년 3월 6일 청와대 국민청원 게시판에는 교실에서 마스크를 쓰지 못하게 하는 학교를 비난하며 학교 안의 오염된 공기로부터 자신을 지키기 위해 학생들이 마스크를 쓸 권리를 요구하는 어떤 학부모의 글이 올라왔다.)

에어테이머 부스를 지나 걷다보니 파란 인조잔디와 빨간 파라솔이 보였다. 파라솔 아래에는 '스마트 포그머신'이라는 기계가 있었다. 포그머신은 수돗물을 끌어들인 다음 안개처럼 미세한 물입자를 만들어내는 펌프식 기계다. 포그머신이 만든 인공안개는 파라솔의 살을 따라 부착된 니켈 도금 노즐을 통해 밖으로 뿜어져 나왔다. 담당자는 이 물방울의 직경이 3~7마이크로미터이기 때문에 물을 뿜는 파라솔 아래 사람이 서 있어도 옷이 젖지 않는다고 설명했다. 작은 물방울은 조금씩 증발하여 물방울이 내려앉았던 옷의 표면 온도를 낮추어주는 동시에 미세먼지를 줄이는 공기정화 효과도 있었다.

'클린 에어 엑스포'와 같은 날 같은 공간에서 열린 건축박람회 '코리아 빌드'에서도 공기를 다스리는 기술이 많이 등장했다. 거대한 모델하우스를 설치하고 새로운 공기정화 시스템을 시연한 경동나비엔의 부스가 단연 눈에 띄었다. 공기정화 시설에 관심이 많은 건물주들에 둘러싸인 홍보 사원이 '에어원'이라는 제품을 열정적으로 설명하고 있었다. 집안 한편에 가구처럼 놓여서 그 주변 공기만 정화하는 기존 공기청정기와 달리 에어원 시스템은 천장 내부로 촘촘히 연결된 환기 통로를 활용해 실내 전체의 공기를 빨아들이고 깨끗하게 정화해준다는 것이 핵심이었다. "이걸 설치하면 공기청정기 여러대가 필요 없다는 거죠?" 한 중년 남성의 질문에 홍보 사원은 모델하우스 한쪽 벽에 붙어 있는 에어원의 콘솔을 조작하며 숙달된 말투로 대답했다. "네, 그렇습니다. 모든 방에 공기청정기를 비치할 필요 없이 에어원 하나만 있으면 집안 공기는 한번에 관리할 수 있습니다."

연일 계속되는 미세먼지 비상 상황 속에서도 일산 킨텍스는 맑은 공기에 대한 희망으로 가득 찼다. 에어테이머를 목에 걸면 내 코앞의 공기를 다스릴 수 있고, 포그머신을 마당에 설치하면 몇 사람이 같이 마실 만큼의 공기를 얻을 수 있고, 에어원 시스템이 있으면 버튼 하나만 눌러 집안 공기를 지킬 수 있을 것 같았다. 킨텍스에 총망라된 공기기술은 이 땅에서 공기를 호흡하는 사람, 즉 살아 있는 모든 사람의 맑은 공기에 대한 수요를 충족하겠다는 포부를 숨기지 않았다. 에어테이머 전시 부스에서 마주친 엄마와 아들처럼 공기정화 제품을 직접 사서 쓰려는 개인 소비자도 있었고, 건설사와 지방자치단체 관계자, 학교, 유치원, 어린이집, 요양원 시설 담당자도 있었다. 자신이 마실 공기를 직접 관리하려는 사람들과 요즘 들어 '미세먼지 취약계층'으로 불리게 된 사람들을 위한 공기주머니를 설치해야 하는 관계자들이 모두 공기기술의 고객이었다.

한달 전인 1월 16일 일산 킨텍스에서 50킬로미터 떨어진 경기도 포천에 등장한 공기기술은 '클린 에어 엑스포'나 '코리아 빌드'에서 목격한 것과 사뭇 달랐다. 국립환경과학원과 한강유역환경청 합동 감시반은 과학원이 보유한 미세먼지 감시 드론 한대를 들고 와서 소규모 공장지대를 향해 띄웠다. 드론은 주변 공기를 흡입하는 펌프와 포집용 비닐봉지를 꼬리처럼 매달고서 공장 굴뚝 위로 뒤뚱뒤뚱 날아가 간신히 자리를 잡았다. 드론이 굴뚝 연기를 비닐봉지에 담아 돌아오자 감시반은 실시간 대기질 분석 장

그림 3　2019년 1월 16일 포천 소규모 공장지대에서 굴뚝 연기를 감시하는 드론

비에 비닐봉지를 꽂아 넣었다. 그러자 기체 안을 떠도는 화합물을 감지하는 측정도구인 질량분석기가 굴뚝이 뿜어낸 온갖 오염물질의 이름과 양을 명세서 뽑듯 줄줄이 읊었다. 미세먼지 농도가 기준치를 넘어 있었다. 미세먼지 측정 드론이 포천에 '떴다'는 소식이 전해지자 폐기물을 무리하게 소각하던 공장들은 황급히 시설 출력을 줄이고 대기오염 저감 장치를 가동했다. 미세먼지 감시반이 출동하는 날에는 미세먼지 농도가 평소의 절반으로 줄어들기도 한다.[14]

　굴뚝 연기로 인한 오염을 측정하는 '드론감시반' 활동은 환경부 소속 과학자들이 한반도 상공 대기를 살 만한 상태로 유지하기 위해 수행하는 다양한 감시 업무 중 하나다. 제철소나 발전소

처럼 오염물질을 대량으로 뿜어내는 6백여개 시설에서는 굴뚝에 부착된 관측기가 감시반을 대신해 오염물질 배출량을 측정한다. 일산화탄소, 이산화황, 질소산화물 등을 실시간으로 측정한 값은 각 권역별로 지정된 '굴뚝원격관제센터'로 전송된다. 이곳에서 일하는 환경공단 과학자는 상황판을 통해 권역의 대기오염 현황을 한눈에 알 수 있다. 자동차 등 이동수단에서 배출되는 오염된 공기는 각 지자체별로 설치된 대기오염물질 측정망을 통해 감지된다. 이렇게 차곡차곡 수집된 자료는 복잡한 수치 모델링을 거쳐 공기질의 미래를 내다보기 위한 기초 자료로 쓰인다. 매일 아침 '에어코리아 앱'에서 확인할 수 있는 일일 미세먼지 예보도 이렇게 다양한 인간과 센서가 하나하나 수집한 정보 덕분에 만들어진다. 공기를 담당하는 '과학 공무원'이라고 할 수 있는 환경부 산하 기관 연구자들은 때로는 드론을 대동한 암행어사처럼, 때로는 수많은 굴뚝을 한눈에 바라보는 CCTV 관제요원처럼, 때로는 공기의 동태를 예측하는 기상예보관처럼 일한다.

미세먼지에 대응하는 공기기술이라는 공통점은 있었지만, 굴뚝을 감시하는 드론에는 '에어테이머'처럼 멋진 이름이나 화려한 모델이 있지도 않고, 잘 디자인된 전단지가 붙어 있지도 않았다. 은밀한 미세먼지 감시 활동은 대단한 홍보나 광고의 대상이 되지 못한다. 대기오염 농도를 분석하는 질량분석기는 '포그머신'이나 최신형 공기청정기의 매끈한 디자인과 비교하면 투박한 모양이었다. 직경 3~7마이크로미터의 물방울이 가져다주는 소소한 상쾌함도 찾아보기 힘들었다. 무엇보다도 오염물질 배출을 감시하는 기술은 경동나비엔의 에어원 시스템처럼 빠르고 간편하게 미세먼지 문제를 해결해주겠다고 약속하지 않았다. 그 대신 대중의 관심과는 거리가 먼 공기위협을 부지런히 단속해서 이를 적절한 수준으로 다스린다. 공기청정기를 살 만한 여유가 없는 사람들도 숨쉬고 살 만한 공동체를 유지하기 위해서 꼭 필요한 기술이다.

2019년의 공기 나쁜 두 날에 경기도 두 지역에서 펼쳐진 공기기술은 우리가 오염된 공기의 공포에 대응하는 두가지 자세를 보여준다. 한쪽에는 최첨단 공기청정 시스템으로 대표되는 공기기술이 있다. 이 기술은 개인이든 가족이든 직원이든 구획된 공간 안에 있는 몇몇 인간에게 지금 당장 숨쉴 만한 한줌의 공기를 제공하기 위한 과학기술이다. 각자가 나름의 형편에 따라 숨쉴 만한 공간을 창출해서 두려움을 달랜다는 점에서 이것을 '각자도생의 공기기술'이라고 부를 수 있다. 다른 쪽에는 공기를 대한민국이라는 공동체를 구성하는 사람이면 누구나 향유하는 공공재로 보고 그 질을 느리게나마 꾸준히 관리하고자 하는 공기기술이 있다. 이 활동은 단번에 공기를 깨끗하게 만들지는 못하지만 개인의 형편에 상관없이 누구에게나 공통적으로 해당되는 공기의 조건을 개선하려고 시도한다는 점에서 '공동체의 공기기술'이라 할 수 있다. 한국의 공기풍경에는 공기에 대한 상반된 자세와 그것

을 구현하는 상이한 기술이 뒤섞여 있다.[15]

## 각자도생의 공기

2019년의 미세먼지 사태는 지난 수십 년 동안 이어진 공기공포의 역사를 되풀이하는 동시에 과거보다 더 극적인 방식으로 전개되었다. 위험한 공기를 피해 잠시라도 안전한 나만의 공간을 만들고자 하는 지식과 기술은 이번에도 많은 관심을 받았다. 오염된 공기 속에서 살아남기 위해 마스크부터 찾는 것은 비슷하지만, 이제 사람들은 부직포로 만든 황사마스크로 만족하지 못하고 더 강력한 방진마스크를 일상에서 착용하기 시작했다. 사상 처음으로 1주일 연속 미세먼지 저감 조치가 시행된 2019년 3월 초에는 방진마스크의 인기도 절정에 달했다. 저감조치 시행 닷새째였던 3월 5일 인터넷쇼핑 포털사이트 옥션이 발표한 내용에 따르면, 2월 25일부터 3월 3일까지 1주일 동안 거래된 방독·방진마스크 물량은 전주 대비 75퍼센트, 전년 동기 대비 25퍼센트 증가했다. 옥션은 이 기회를 놓치지 않고 '미세먼지 대비 프로젝트'라는 이벤트를 열어 GVS와 3M의 방진마스크를 열심히 홍보했다.[16]

좌우로 필터가 하나씩 달린 방진마스크를 착용하고 외출하는 사람들의 모습은 방독면을 쓴 병사들이 대거 전쟁터로 나가던 제

1차 세계대전의 공기풍경을 떠올리게 한다. 독일의 철학자 페터 슬로터다이크Peter Sloterdijk는 20세기의 전쟁에서는 적군의 몸을 직접 공격하기보다 그 주변 환경을 겨냥하는 전술이 중요해졌다고 지적한다. 미세한 입자의 독성 먼지를 공기 중에 흘려보내 적군의 공기를 위협하는 근대식 '화학전쟁'이 시작된 것이다. 공기를 호흡하는 것 자체에서 죽음의 공포를 느낀 병사들, 살아남기 위해서 방독면을 써야만 했던 병사들처럼, 미세먼지의 공습을 맞닥뜨린 사람들은 가장 좋은 필터가 달린 마스크를 찾아서 자기 얼굴 앞 공기를 외부와 분리하려 한다. "공기를 관리하는 것이 우리의 운명"인 시대에 마스크는 개인의 공기를 확보하고 오염원을 걸러내는 중요한 도구가 되었다.[17]

2010년대는 얼굴을 빈틈없이 덮으면서도 불편하지 않은 마스크의 개발이 특별히 활발했던 시기로 기록될 것이다. 특허청에 따르면 2014년부터 2018년까지 5년간 미세먼지마스크 특허 출원은 연평균 134건으로, 그 이전 5년간 연평균 출원 건수 60건보다 두배 이상 많았다. 마스크의 성능을 평가하고 인증하는 새로운 제도도 운용되고 있다. 식품의약품안전처는 2008년부터 '황사마스크'라는 이름으로 판매되는 마스크의 품질 검증을 위해 안면부 흡기저항 시험, 분진포집 효율 시험, 누설률 시험을 시행하고 있다. 식품의약품안전처의 마스크 시험에서는 얼굴과 그 바로 앞의 공기가 집중적인 분석 대상이 된다. 가령 누설률 시험에서는

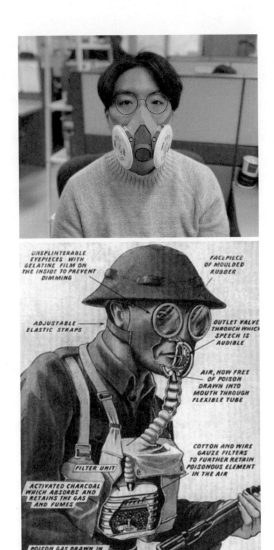

그림 4   대전광역시 초미세먼지 농도가 100μg/m³을 웃돌던 2019년 3월 6일 한 대학원생이 방진마스크를 착용해 보이고 있다.

그림 5   제1차 세계대전 '화학전쟁' 방독면[18]

매끄럽게 면도를 한 피시험자가 마스크를 쓰고서 염화나트륨 에어로졸이 들어 있는 작은 방에 들어가 러닝머신 위를 걷는다. 시험자는 피시험자가 지시에 따라 고개를 돌리거나 말을 하는 동안 마스크 안과 밖의 염화나트륨 농도를 측정하고 이를 공식에 대입해 누설률을 계산한다. 마스크의 필터 효율 못지않게 마스크가 얼굴을 빈틈없이 덮을 수 있게 만드는 것도 중요하기 때문이다. 사람들이 저마다 다른 코와 귀의 모양, 광대의 튀어나온 정도에 맞게 마스크를 조정할 수 있도록 하려면 코 지지대와 끈 조절 기능을 추가해야 한다. 내 코앞의 공기를 제대로 걸러내려는 수요를 과학적으로 충족하기란 결코 쉬운 일이 아니다.[19]

　새로운 특허, 품질 인증, 편안한 디자인으로 무장한 2010년대의 마스크는 미세먼지를 두려워하는 소비자들을 유인하고 있다. 2019년 4월 경기도 판교 현대백화점에서 열린 미세먼지 제품 특별전 '그린에어마켓'에도 촘촘한 4중 구조로 철통방어를 약속한 '더스트케어'부터 패션 아이템으로 손색없을 정도로 디자인에 신경을 쓴 '어번에어'까지 온갖 마스크가 등장했다. 그중에서도 눈에 띈 것은 전원 없이도 산소를 발생시키는 캡슐이 장착되었다는 '오투엠'사의 마스크였다. 서울대 공대와 협업해 시뮬레이션 장비를 만들어 효과를 검증했다는 이 제품은 일반 마스크를 쓰면 숨쉬기가 힘든 노약자와 건설 현장 노동자에게 적합한 물건이라고 했다. 휴대용 선풍기에 미세먼지 필터를 접목한 '에어토리'는 공기가 나쁜 날에도 부모들이 안심하고 어린아이와 함께 외출할 수 있도록 도와준다고 약속했다. '에어토리'를 설치한 유모차에 방한용 커버를 씌워서 안과 밖을 분리해주면 유모차를 탄 아이도 안전한 공기주머니 속에서 숨을 쉴 수 있을 터였다.

이날 그린에어마켓에 전시된 11종의 미세먼지 상품 중 가장 놀라운 것은 지리산의 공기를 알루미늄 캔에 담았다고 하는 '지리에어'였다. "지리산 해발 700미터의 청정한 공기"를 캔 속에 담았다는 이 제품은 미세먼지에 시달리는 도시인들이 "잠시나마 산에 온 듯 기분 전환"을 맛보도록 해준다고 했다. '지리에어'를 직접 사용해본 『한겨레』 기자는 한 캔에 9900원이라는 가격이 부담스럽긴 하지만, 2000~3000원 정도로 가격이 내린다면 장거리 운전 등으로 피곤할 때 사용할 법한 물건이라고 평했다. 미세먼지 문제에 대한 정부의 대응이 지지부진한 상황에서 자신과 아이의 몸을 무엇으로든 지켜내야 한다는 절박함을 영리하게 이용한 공기 마케팅이었다.[20]

마스크와 더불어 공기기술·공기마케팅을 이끌고 있는 것은 공기청정기다. 공기청정기 판매량은 2018년 약 250만대에서 2019년과 2020년 각각 350만대 수준을 지나 2021년에는 4백만대까지 늘어날 전망이다.[21] 주변을 조금만 둘러보면 크게 놀랄 만한 수치는 아니다. 이에 못지않게 흥미로운 변화는 다른 여러 가전기기가 공기청정기를 중심으로 하는 미세먼지 대응 제품군으로 편입

되는 상황이다. 가전제품 전문매장인 롯데하이마트가 2019년 3월과 4월에 걸쳐 전국 460여개 매장에서 실시한 '미세먼지 철벽방어' 판촉 행사는 이런 경향을 잘 보여준다. 행사기간에 배포된 LG전자 전단지는 LG 제품을 사용하면 고객들이 미세먼지로부터 자유로운 하루를 보낼 수 있다고 주장했다. 아침에는 LG 디오스 전자레인지로 "유해가스 배출 없이 빠르고 건강한 식사"를 하고, 점심에는 LG 코드제로 청소기의 "5단계 미세먼지 차단 시스템으로 건강하게 청소"를 하고, 저녁에는 LG 트롬 건조기의 "2중 안심필터로 먼지까지 해결"한 다음, 옷에 남아 있는 먼지는 LG 트롬 스타일러로 깨끗하게 없애면 된다는 식이다.

가전제품 제조사들은 시민들의 공기공포를 공기기술 개발과 판매를 위한 기회로 활용하기 위해 민첩하게 움직인다. 공기청정기가 텔레비전과 냉장고에 버금가는 생활필수품이 되면서 가전기업들은 앞다투어 공기를 청결하게 유지하는 기술에 투자하고 있다. 최근에는 반려동물을 겨냥한 펫케어 공기청정기도 출시됐다. 사내에 공기연구를 전담하는 연구소를 차리는 것은 가전업계의 새로운 트렌드가 되었다. LG전자의 '공기과학연구소'를 시작으로 삼성전자의 '미세먼지연구소', 코웨이의 '공기연구소' 등이 설립된 것이 대표적 사례다.

그중에서도 코웨이 공기연구소는 각 가정의 사물인터넷Internet of Things, IoT 기기에서 생성된 공기질 빅데이터를 바탕으로 사람들이 실제 거주하는 환경의 공기질을 상세하게 파악했다고 주장해 눈길을 끈다. 코웨이 연구팀은 실내 대기오염 정보 110억개를 상세히 분석하여 같은 실내 공간이라도 시간대, 공간 구조, 활동의 종류에 따라 공기오염의 종류가 다르다는 사실을 규명했다고 한다. 활동량이 많은 거실은 미세먼지 농도가 가장 높은 반면 체류시간이 긴 안방에서는 이산화탄소 농도가 더 높게 나타난다는 식이다. 연구 결과를 정리한 '에어랩 리포트'는 "나와 우리 가족의 건강을 위해서는 우리 집의 공간, 우리 가족의 라이프 스타일에 딱 맞는 공기관리가 필요"하다는 점을 기억하라고 독자에게 당부했다. 물론 코웨이 시스템은 아이가 거실에서 뛰어놀 때 가까운 곳을 빠르게 정화하는 '멀티순환' 모드와 엄마가 주방에서 요리할 때 먼 곳을 강력하게 정화하는 '집중순환' 모드를 함께 지원한다.[22]

LG전자가 설립한 공기과학연구소는 쉽게 구할 수 없는 정밀한 실험장비로 실내 환경을 연구한다는 점을 강조한다. '집진' '탈취' '제균' '임상' 등 네개 분과로 나누어 프로젝트를 수행하는 이 연구소에는 실내 공간에서 발생하는 먼지, 유해가스, 미생물 등을 세밀하게 측정하는 실험장비들이 들어섰다. 연구원들은 이런 장비를 가지고 집안이라는 공간을 더욱 잘게 나눈다. 거실과 주방의 공기가 어떻게 다른지 연구하고, 침실과 옷방에 어떤 오염이 특수하게 발생하는지 규명한다. LG의 트롬 스타일러는 심지어 옷방 안 공기를 더욱 세분화해서 옷장 안 공기와 옷장 밖 공기로 나눈다. 그 결과 LG 공기청정 기술의 소비자들은 더 작은 단위의 공기를 더 전문적으로 관리하는 서비스를 누릴 수 있게 된다.

한시적인 공기주머니를 만들어서 미세먼지를 피하고자 하는 접근은 마음 급한 소비자뿐 아니라 성난 시민을 만족시켜야 하는 정책 입안자들에게도 매력적인 대안이다. 학교 내 미세먼지 대책을 마련하라는 학부모들의 거센 압박에 직면한 교육부는 2018년 4월 '학교 고농도 미세먼지 대책'을 세우고 2020년까지 전국 모든 유치원과 초등학교, 특수학교에 공기청정기와 미세먼지 측정기를 보급하겠다는 계획을 발표했다. 이후 3년에 걸쳐 10만 946개 교실에 공기정화 장치를 보급하는 데는 2200억원이 들 것으로 추산되었다. 교실이라는 신시장을 기회로 인식한 공기청정기 업계의 후발주자 LG전자는 과감한 투자를 결정했다. 전국 초·중·고교에 150억원 상당의 공기청정기 1만대를 무상으로 지원하기로 한 것이다. LG전자는 자사의 공기청정기가 교실과 같은 큰 공간도 충분히 정화할 수 있을 정도로 강력하고 AI 스피커를 통한 원격 제어도 가능하다는 점을 강조했다. 여러 언론이 LG전자의 기부를 "통 큰" 선행으로 보도했지만, LG전자를 비롯한 대기업들은 국내 공기청정기 조달 사업에서 큰 이익을 얻고 있고 그 과정에서 많은 공장을 가동하면서 대기오염물질을 배출한다.[23]

실내 공기질을 연구하는 전문가들은 교실을 공기주머니로 만드는 것이 과연 실효성 있는 대책인지 의문을 품었다. 조영민 경희대 교수 연구진은 2018년 2월 20일에 열린 '깨끗한 학교 실내 공기 마련을 위한 정책토론회'에서 경기도 교육청의 의뢰를 받아 실시한 초등학교 교실 내 공기정화 장치의 효과에 대한 현장 조사 결과를 발표했다.[24] 연구진은 2017년 11월부터 12월까지 공기청정기가 가동된 35개 초등학교 61개 교실의 공기질을 분석한 결과 정화장치의 효과가 기대에 못 미쳤다고 설명했다. 공기청정기가 줄일 수 있는 실내 미세먼지는 최대 30퍼센트 정도에 불과했지만, 미세먼지를 막겠다며 오랜 시간 환기를 하지 않을 경우, 교실 내 이산화탄소 수치가 급증하는 심각한 역효과가 발생했다는 것이다. 전국교직원노동조합(약칭 전교조) 광주지부는 이러한 실험 결과를 두고도 "공기정화기 설치 숫자 늘리기에만 급급"한 교육부를 강하게 비판했다. 부작용에도 불구하고 막대한 예산을 들여 공기청정기를 설치하는 것은 "학부모의 미세먼지에 대한 불안감을 이용해 대기업 배만 불리는 졸속행정"이라는 지적이었다.

일선 현장에서는 교육 현실과 맞지 않는 공기청정기 보급계획에 대한 불만도 터져나왔다. 갑자기 관리해야 할 기기 숫자가 늘어난 학교에서는 공기청정기의 필터를 갈고, 비품을 구매하고, 망가진 부분을 고치고, 켜고 끄는 시점을 관리하는 일이 보건교사의 소관인지 행정실의 소관인지를 두고 다툼이 일어나기도 했다.[25] 교육부에서 "업무 추진 과정에 필요한 인력 수요도 고려하지 않은 채 사업을 추진하여 학교 현장의 업무갈등은 증폭되었다"고 주장한 전교조는 "교사들이 학생들의 수업에 신경쓰지 못하고 시설 구매 등 추가 업무에 눌려 병가를 신청하는 일까지 벌어졌다"고 보고했다. 학교라는 장소의 공기 특성을 파악하지 못한 것도 예상치 못한 정책적 문제를 불러일으켰다. 아파트와는 달리 학생들이 끊임없이 드나들며 먼지가 수시로 발생하는 데서 알 수 있듯이, 교실에서는 외부 공기가 자주 유입되어 공기청정기의 정화 효과가 떨어질 뿐만 아니라 필터를 훨씬 자주 갈아주어야 하는 문제가 발생한 것이다. 전교조는 "냉난방기 비용을 충당하기도 벅찬 학교 입장에서는 공기청정기 필터는 새로운 부담"이 되었다고 하소연했다. 전교조는 학교 공기질이 문제라면 정화장치 숫자에만 집중할 것이 아니라 노후 학교 리모델링이나 학교 녹지율 향상 같은 복합적인 대안을 모색하자고 제안했다. 미세먼지를 교실 안의 문제로 한정할 것이 아니라 학교가 위치한 지역사회와 지방자치단체가 함께 해결해야 할 공동체의 문제로 인식하자는 말이었다.[26]

미세먼지를 얼굴 주변과 거실과 교실 단위의 작은 공간에서 몰아내려는 기술은 그 어느 때보다 빠르고 세련되게 발전하고 있다. 사람들은 각자의 손이 미치고 경제력이 허용하는 범위에서 마스크와 공기청정기를 동원하여 미세먼지 사태를 살아내려 한다. 또 미세먼지 공포 속에 사는 국민에게 공기정화 시설을 갖춘 작고 쾌적한 공기주머니를 제공하는 것은 정부가 당장 할 수 있는 우선적이고 어쩌면 유일한 대책으로 상상된다. 마스크와 공기청정기는 단지 생활용품·가전제품이 아니라 정부의 중요한 미세먼지 정책의 도구가 되었다. 그러나 미세먼지 사태에서 과학기술의 역할은 거기서 멈출 수밖에 없는가? 마스크와 공기청정기와 의류건조기와 의류관리기의 힘이 미치지 못하는 곳의 미세먼지, LG와 삼성과 코웨이의 공기연구소가 연구하지 않는 더 큰 공기는 누구의 손에 맡겨지고 있는가?

## 호흡공동체를 위한 공기과학

2016년 5월 5일 어린이날, 미세먼지 농도는 21μg/m³, 초미세먼지 농도는 64μg/m³으로 '나쁨' 수준이었다. 미세먼지와 함께 옅은 황사가 예고되었지만 봄날의 황금연휴를 맞은 가족 단위 여행객들은 전국 곳곳으로 나들이에 나섰다. 특히 이날 전국 야구장에는 11만 4058명이라는 프로야구 역사상 가장 많은 관중이 모였다. LG 트윈스와 두산 베어스가 경기를 벌인 송파구 잠실야구장 역시 만원이었다. 연장까지 이어진 접전 끝에 LG는 채은성의 끝내기 득점으로 두산에 8 대 7로 승리했다.

서울 시민들이 야구 경기를 즐기기 위해 잠실구장으로 향하던 송파구의 하늘에는 미국 항공우주국NASA 마크를 단 더글러스사

DC-8 항공기가 모습을 드러냈다. 이 비행기는 서울 동쪽의 구리시 상공에서 천천히 고도를 낮추며 남쪽으로 한강과 올림픽공원을 지나 성남시에 있는 서울공항으로 향했다. 서울의 동쪽 지역 하늘을 위아래로 훑으며 땅에 가까워진 이 비행기는 여느 항공기처럼 활주로에 안착하나 싶더니, 지상에서 30미터 정도 떨어진 지점에서 다시 기수를 들어 공중으로 떠올랐다. 이상한 비행은 이뿐만이 아니었다. 착륙 직전 공중으로 다시 떠오른 기체는 이번에는 남동쪽으로 기수를 틀어 서울공항에서 20여 킬로미터 떨어진 경기도 광주시 태화산으로 향했다. 비행기는 상림리에 있는 서울대학교 학술림 상공에 도착한 뒤, 숲 위에서 빙글빙글 나선을 그리며 솟구치기 시작했다. '스파이럴' 상승을 하던 비행기는 7킬로미터 상공에서 회전을 멈추고 오산 공군기지로 날아갔다.

이날 마치 곡예비행을 하듯이 서울과 경기도 상공을 날아다닌 DC-8기는 나사가 보유한 대기연구용 항공기였다. 150명을 너끈히 태울 수 있는 동체에 승객 대신 스물여섯개의 기체 분석 장비를 빼곡히 채운 DC-8은 비행하면서 대기 중의 화학물질 농도를 실시간으로 측정할 수 있어서 '날아다니는 실험실'이라고 불린다. 극지방의 오존 농도나 대서양의 허리케인 같은 극한 상황의 대기에 대한 연구를 담당해온 이 비행기가 대한민국 서울 도심에 등장한 이유는 국립환경과학원과 나사가 공동으로 실시한 한·미 공동 대기질 연구Korea-United States Air Quality Study, KORUS-AQ를 위해서였

그림 6  KORUS-AQ에 사용된 나사의 대기연구용 항공기 DC-8

다. 한국의 극심한 미세먼지가 언제, 어떻게, 왜 만들어지는지 상세히 규명하려는 이 연구에는 한국과 미국의 80여개 기관 소속 대기과학자 약 580명이 참여했다. 대한민국 최대 규모의 미세먼지 관측 연구다.

한국의 미세먼지 중 약 70퍼센트는 산업시설 등에서 직접 배출되는 것이 아니라 공기 중에서 태양빛을 받은 화합물이 반응해 만들어지는 '2차 생성 미세먼지'다. 따라서 미세먼지 생성 기작을 충분히 이해해야 어떤 물질에 정책적 개입이 필요한지 알 수 있고 예보 모델도 개선할 수 있다. 하지만 2018년 정부가 발표한 『미세먼지 기술개발 로드맵』에 따르면 미세먼지의 생성·변환·소멸 기작을 규명하는 연구에서 한국의 기술력은 미국이나 중국의

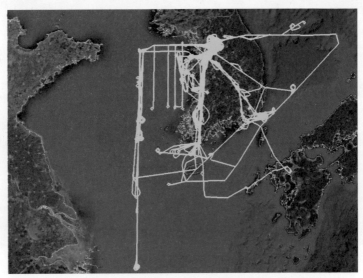

그림 7 2016년 5월과 6월에 걸쳐 미세먼지 항공 측정을 실시한 DC-8의 항로

60~70퍼센트 정도에 불과했다. KORUS-AQ는 한국 상공의 미세먼지가 어떻게 생성되는지에 대한 권위있는 지식을 만들어낼 수 있는 대규모 연구였다는 점에서 중요하다. 정부가 중국·일본과 미세먼지 문제를 협의할 때 한국의 입장을 대변하기 위해서도 생성 기작에 대한 연구는 필수적이다.[27]

DC-8을 포함해 KORUS-AQ에 참여한 항공기 세대는 대한민국의 대기 전체를 거대한 실험 대상으로 삼아 2016년 5월 2일부터 6월 10일까지 총 23일간 측정 비행을 실시했다. 5월 5일 DC-8이 수행한 비행 경로 역시 서울 대도시권 상공의 미세먼지를 파악하기 위해 연구자들이 설정한 것이었다. 서울 동북부에서 성남

서울공항을 향해 천천히 이동하는 '서울 스테레오루트' 항로는 미세먼지가 짙게 깔린 도심의 대기를 연구하기에 유리했다. 태화산 부근을 나선을 그리며 상승하는 '태화 스파이럴' 항로는 서울 외곽의 대기오염물질이 고도에 따라 어떻게 분포되어 있는지 파악하기에 적합했다. 또한 연구자들은 DC-8이 훑고 지나갈 송파구 올림픽공원과 태화산 학술림에 지상 관측소를 설치해 그 측정 결과를 공중 측정 결과와 비교 분석하는 실험도 수행했다. 같은 시간과 장소의 공기를 지상 관측과 항공 관측이라는 상호보완적 방식으로 측정함으로써 연구자들은 어느 때보다도 상세하게 한국의 대기 상태를 파악할 수 있었다. KORUS-AQ를 총괄한 나사의 수석 과학자 짐 크로퍼드[Jim Crawford] 박사는 이러한 다각도의 측정활동을 통해 연구진이 "가장 완전한 공기질의 현황"을 그려낼 수 있었다고 평가했다.[28]

'서울 스테레오루트'와 '태화 스파이럴'이 주로 서울 대도시권의 공기질을 집중적으로 조사하기 위한 것이었다면, 나머지 비행은 이보다 넓은 지역의 공기들이 서로 복잡하게 뒤섞이는 역동적인 과정을 포착했다. DC-8은 서울을 중심으로 제주, 부산, 포항 등에 이르는 하늘길을 다양한 고도로 비행하면서 한반도 전역의 대기오염물질 농도를 측정했다. 수도권 공기질에 영향을 미치는 서해안의 화학단지와 발전시설 상공도 조사했다. 서풍이 일어 중국으로부터의 공기 유입이 예상되는 날에는 DC-8이 서해 상공으로 출동하기도 했다. 특히 상하이에서 발생한 대기오염물질이 바람을 타고 한반도로 유입될 수 있다는 기상예보가 나온 2016년 5월 25일, DC-8은 인천 앞바다부터 상하이 근처 동중국해에 이르는 수백 킬로미터 거리를 남북으로 비행하며 조사를 수행했다. 한국의 기상관측용 선박 '기상1호'는 DC-8이 서해 상공을 가로지르는 동안 바다 위의 공기질을 동시에 측정해 조사의 정확도를 높였다. 이렇게 하늘과 바다에서 얻어낸 측정 결과는 대기오염물질이 기상 조건에 따라 국가적·지리적 경계를 넘나들며 복잡하게 뒤섞이는 양상을 보여주었다.[29]

KORUS-AQ가 2017년에 발간한 예비종합보고서에는 연구진이 알아낸 중요한 사실들이 적혀 있다. 가장 충격적인 결과는 대기오염 배출원 조사 목록(인벤토리)이 허술하게 관리되어왔다는 것이다. 연구기간 중 충청남도 서산시 상공을 비행한 킹에어 항공기는 대규모 화학공장이 많이 분포된 이 지역에서 기존에 알려진 것보다 몇배나 높은 화학물질 농도를 측정했다. 연구진은 항공 측정 결과와 모델 실험 결과를 바탕으로 공단지역 대기오염물질 배출량이 지나치게 과소평가되었다고 진단했다. 이 지역의 휘발성유기화합물 연간 배출량을 새로 추산하니 기존에 보고된 2만여 톤의 세배에 달하는 6만여 톤의 화합물이 배출되는 것으로 추정할 수 있었다.[30] 한국대기환경학회 회장을 역임한 김동술 경희대 교수는 이러한 실험 결과를 해설하며 한국의 대기오염 감시망의 문제점을 지적했다. 한국은 1백 종류가 넘는 휘발성유기화합물 중 25종만 관측해왔으며 매우 적은 수의 사업장만 관리해왔다는 것이다. 어디서 무엇이 얼마나 나오는지를 확인하는 일은 가장 기본적인 미세먼지 대책이다. 그것조차 제대로 수행되지 못하고 있다는 안타까운 사실이 KORUS-AQ를 통해 드러났다.[31]

KORUS-AQ 연구진은 미세먼지 질량분석기로 한반도 상공 미세먼지의 구성 성분을 분석해서 그 절반가량이 유기물질과 질산염이라는 것 또한 알아냈다. 이러한 측정 결과는 미세먼지를 저감하려면 국내에서 배출되는 휘발성유기화합물과 질소산화물을 줄여야 한다는 것을 뜻한다. 연구진은 휘발성유기화합물이 건강에 유해한 오존의 발생에 미치는 영향도 규명했다. 시뮬레이션을 해보니 그중에서도 석유화학 공정이나 페인트에서 많이 배출되는 톨루엔이 오존 생성에 가장 큰 기여를 하는 것으로 나타났다. 그렇다면 여러 미세먼지 유발 물질 중 톨루엔을 규제하는 일이 오존과 미세먼지를 통합적으로 관리하는 대기환경 정책이 될 수 있다.

KORUS-AQ의 결과는 질소산화물, 휘발성유기화합물, 오존의 관계가 생각보다 복잡하다는 점을 보여준다. 측정 결과 서울 대도시권의 상공에는 질소산화물이 이미 포화된 상태로 과다하게 존재하기 때문에 이것만 줄이는 정책은 단기적으로 오존을 증가시켜 수도권의 오염도를 악화할 수도 있다는 사실을 밝힌 것이다. 물론 질소산화물은 장기적인 공기질 관리를 위해 꾸준히 감축해야 하지만, 이러한 '비선형성'을 감안해서 휘발성유기화합물과 함께 감축해야 한다는 것이 연구진의 결론이었다. 이렇듯 직관적으로는 쉽게 이해되지 않는 복잡한 광화학적 과정을 규명한 KORUS-AQ는 대기정책을 입안하는 사람들이 참고하면 유용할 사실을 알아냈다.

그러나 KORUS-AQ가 밝혀낸 사실들은 국내에서 그다지 주목받지 못했다. 2017년 9월 정부가 발표한 『미세먼지 관리 종합대책』은 KORUS-AQ가 밝혀낸 사실을 충분히 반영하지 못한 것처럼 보인다. "노후 석탄 화력 폐지" "질소산화물 배출부과금 신설" "노후 경유차 저공해화" 등 질소산화물 감축을 위해서는 강력한 대책이 제시된 것에 반해 톨루엔과 같은 휘발성유기화합물에 대한 자세한 대책은 찾기 힘들었다. 한국공학한림원, 한국과학기술한림원, 대한민국의학한림원이 2018년 1월 공동으로 발간한 미세먼지 보고서도 이 문제를 지적했다. "KORUS-AQ를 포함한 기존 국내외 연구에서 수도권은 질소산화물이 과다하게 배출되어, 질소산화물 배출만을 줄일 경우 미세먼지와 오존 농도가 올라갈 가능성이 높은 것으로 나타나" 있음에도 불구하고 질소산화물 배출 저감만 매우 강력하게 추진되고 있다는 것이다. 반면 휘발성유기화합물 배출 저감 대책은 구체적이지 못하다는 점을 보고서는 짚었다. 미세먼지 정책이 공기과학 연구의 결과와 다른 방향으로

나아가고 있었다.[32]

공기과학이 중요한 미세먼지 방지책으로 꼽은 휘발성유기화합물 저감책은 2019년에 이르러 본격적으로 등장했다. 환경부가 대기환경보전법 시행규칙을 변경해서 휘발성유기화합물을 가장 많이 사용하는 원유 정제 공장과 페인트 공장을 규제하기로 한 것이다. 굴뚝으로 많은 오염물질을 배출하는 원유 공장에는 눈에 보이지 않는 화합물을 감지할 수 있는 특수한 광학 카메라를 의무적으로 장착하도록 했다. 페인트 공장의 경우 유성 도료에 섞을 수 있는 휘발성유기화합물의 총량이 크게 제한됐다. 물론 이러한 정책이 호흡공동체의 공기를 단번에 개선할 수는 없다. 공장에 새로운 저감설비를 장착할 유예기간을 부여해야 하고, 페인트의 제조 공법을 바꾸도록 유도하는 데는 긴 협상이 필요하다. 공장들이 새로운 공기조건에 부합하는 방식으로 작동하도록 하려면 환경부와 대기환경청에서 일하는 과학 공무원들의 꾸준한 감시도 필요하다. 이런 변화가 실제로 일어나더라도 대기오염물질이 모두 사라지지는 않는다. 환경부는 새 규제정책이 휘발성유기화합물을 15퍼센트가량 줄일 수 있을 것이라고 예측했다. 틀어두기만 하면 몇분 안에 집안의 미세먼지를 제거한다는 공기청정기처럼 속시원히 문제를 해결해주지는 못하는 것이다.

내 코앞의 공기, 각자도생의 공기가 아니라 한반도의 공기, 호흡공동체의 공기를 다루는 과학은 비싸고 답답하다. LG, 삼성, 코웨이 공기연구소의 발빠르고 화려한 연구와 비교하면 더디고 투박하다. 공동체의 공기를 연구하는 과학은 내 코앞과 내 집 안의 공기를 맑게 지켜주겠다는 식의 매력적인 약속을 내놓지도 못한다. 한국의 하늘과 바다와 땅을 휘젓고 다니며 측정하고 분석해도, 그 결과가 실행 가능한 정책으로 전환되는 과정에는 난관이 많다. 그래서 KORUS-AQ처럼 중요한 대규모 공기연구도 대중의 관심에서 멀리 떨어져 있다. 개인과 기업이 마스크와 공기청정기로 작은 공기를 다스리는 데 집중하는 동안 거대한 공기의 문제를 감당하려는 과학과 정책은 방향을 찾지 못한다.

## 엇갈리는 요구

각자도생의 공기는 우리가 바깥 공기가 들어오지 않도록 문을 걸어잠그고, 손쉽게 통제할 수 있는 작은 공간을 끊임없이 만들어내면서 유지된다. 하지만 이렇게 획득한 각자도생의 공기를 모두 더하는 것으로 공동체의 공기를 지키는 일이 실현되지는 않는다. 공기오염을 잘 측정하고, 오염물질을 잘 거를 수 있는 헤파필터를 개발하고, 정교한 시뮬레이션 기술을 갖춘다고 해서 내 방, 우리 집을 넘어서는 우리 동네, 우리나라, 혹은 '동북아 호흡공동체'의 공기를 잘 관리할 수 있는 것은 아니기 때문이다. 호흡공동체에는 최첨단 공기청정시스템 외에도 국내외 관계자가 협력하는 사회적·정치적 기술이 필요하다. 서로 다른 공기조건, 공기역사, 공기철학을 가진 사람들의 엇갈리는 요구에 응답하는 조율의 기술이다. 호흡공동체의 가치는 공동체가 어떤 요구에 가장 먼저 응답할지 결정하는 과정에서 표출된다.

어떻게 해야 호흡공동체를 유지할 수 있는가? 대중적으로 많은 관심을 받는 방법은 국내 대기오염의 상당 부분을 차지하는 중국발 미세먼지를 감소시키는 것이다. 비협조적인 이웃을 어떻게든 설득하고 필요하다면 그들과 담판이라도 지어서 호흡공동체의 '공기주권'을 지켜내야 한다는 공기외교의 관점이다.

다른 한편에는 미세먼지를 줄이는 혁신적인 과학기술에 호흡공동체의 미래를 맡기자는 사람들도 있다. 굴뚝에 장착하는 효율적인 먼지 저감 장치는 물론 인공강우나 대규모 집진탑처럼 획기적인 공기조절 기술을 마련해서 한국의 대기 전체를 정화해야 한다는 입장이다. 이를 위해 호흡공동체는 공기기술의 혁신을 장려하고 후원하는 역할을 담당해야 한다.

반면 미세먼지 문제를 공기방임 정책의 결과가 누적되어 마침내 터져나온 "느린 재난"으로 보는 입장도 있다. 여기서 미세먼지는 2010년대에 갑자기 등장한 문제가 아니라 무분별한 산업화, 느슨한 규제, 부실한 제도가 중첩되어 나타난 역사적 산물이다. 이때 호흡공동체의 과제는 그동안 깊이 의존해온 공기체제를 전환하는 것이다. 한국의 호흡공동체에서 공기외교, 공기기술, 공기역사를 강조하는 관점들은 쉽게 조율되지 않는다.

2019년 2월 21일 '클린 에어 엑스포'가 열리고 있던 일산 킨텍스의 3층 그랜드볼룸에서는 환경부가 주최한 미세먼지 정책 설명회가 열렸다. 원래 참석하기로 되어 있던 환경부 대기환경정책관이 한·중 환경부 장관 회의 준비로 급하게 자리를 비운 탓에 이정용 푸른하늘기획과 팀장이 대신 정부의 미세먼지 대책 추진 현황을 설명했다. 정부의 미세먼지 대응 정책은 크게 미세먼지 관리를 위해 국내 미세먼지 배출량을 줄이는 정책과 미세먼지 민감 계층을 보호하고 국제 협력을 강화하는 대책으로 구분할 수 있었다. 세부적으로는 고농도 미세먼지가 발생하면 강화된 비상저감 조치를 발령해 차량 운행과 공기오염물질 배출 시설의 가동률을 제한하는 등 공기방임의 역사를 되풀이하지 않기 위해 규제를 강화하는 정책, 더 많은 가구에서 미세먼지를 적게 배출하는 보일러를 설치하도록 하고 미세먼지 취약계층이 많은 장소에 공기청정 시설을 지원하는 등 공기기술을 활용하는 정책, 그리고 한·중 공동 실증 사업과 같이 공기외교가 중요한 정책이 있었다.

이정용 팀장이 발표를 마치고 무대에서 내려가자 정책토론회 토론자 여덟명이 다시 무대에 올랐다. 첫번째 토론을 맡은 조영민 한국대기환경학회 부회장은 미세먼지 문제를 해결하는 데 환경전문가의 참여가 충분하지 않다고 지적했다. 그는 우리나라가 환경문제에 접근할 때 "인문학적 감성"을 강조하거나 "단순하게 공학적 기술"을 적용하려는 경향이 있다고 운을 뗐다. 물론 정부가 미세먼지 문제를 해결하기 위해 많은 노력을 하고 있다는 점을 알지만, "특별법을 남발해서 불안감을 조성"하거나 "구호로만 미세먼지를 해결"하려는 시도는 단기적 효과를 내는 데 그친다는 것이다. 그는 환경전문가의 참여를 늘려서 중장기적인 플랜을 설계할 필요가 있다는 말로 토론을 마쳤다. 특별법에 명시된 조치 이상으로 공기기술을 도입할 필요가 있다고 역설하는 토론자들도 있었다. 정권 서울시 보건환경연구원 원장은 전기차를 도입하고, 태양광 사업을 추진하는 한편, 바람길을 낸다면 "미세먼지 문제를 과학적으로 해결할 수 있다"고 역설했다. 김기은 서경대학교 교수는 공기기술이 경제성장에도 기여할 수 있다고 덧붙였다. 정부의 미세먼지 대책에 회의적인 미대촉의 이미옥 대표는 특별법을 만들더라도 "지자체, 국민의 협력이 없이는 절대 정부의 정책이 이행되지 못할 것"이라 비판했다. 경험, 전문성, 배경이 다른 토론자들의 생각은 한 방향으로 모이지 못했다.

질문과 대답이 오가던 오후 5시 16분, 사람들의 핸드폰이 일제히 울렸다. 토론자와 방청객의 시선이 모두 자신의 핸드폰으로 쏠렸다. 웅성거림이 멈추고 정적이 찾아왔다. "〔환경부〕 수도권 내일 미세먼지 비상저감 조치 시행(총중량 2.5톤 이상 5등급 차량 서울 운행 단속) 마스크 착용 등 건강에 유의 바랍니다." 수도권 초미세먼지 농도가 21일, 22일 양일 연속 50μg/m³을 넘을 것으로 예보되자, 두시간 전 프레젠테이션 슬라이드 속에 존재하던 정책이 5시 16분에 '긴급재난문자'로 모두에게 도착한 것이다. 미세먼지 비상저감 조치의 첫 발령을 알리는 긴급재난문자였다. 강화된 정책을 설명하던 환경부 공무원, 새로운 공기기술 도입을 주장하던 전문가, 착잡한 얼굴로 정책설명회에 참석한 산업계 관계자 모두 문자를 받았다. 순간 미세먼지 정책은 추상적인 찬반 토론의 대상이 아니라 시민들이 내일부터 당장 따라야 하는 구체적 지침으로 드러났다. 어색한 장내 분위기를 깨고 사회자가 질의응답을 재개했다. 어떤 공기를 어떻게 관리해야 하는지에 대한 생각은 모두 달랐지만, 그 자리에 모인 토론자와 청중 모두 하나의 재난문자 통신망으로 연결되어 있는 호흡공동체의 구성원이었다.

호흡공동체 구성원들은 나흘 뒤인 2월 25일 한국과학기술단체총연합회에서 주최한 '제1회 미세먼지 국민포럼'에 다시 모여 진단과 해법을 나누었다. "미세먼지, 얼마나 심각하고 무엇이 문제인가"라는 질문을 받아 든 연사들은 '중국'이라는 간편한 답을 피해 갔다. 첫번째 발제자로 나선 장임석 국립환경과학원 대기질통합예보센터장은 국내 미세먼지의 발원지를 살피는 연구의 결과물을 소개하며 "우리도 피해자이면서 가해자"라고 지적했다. 각 발원지가 국내 미세먼지에 기여하는 정도를 시뮬레이션해보니, 국경 밖에서 날아오는 것이 연평균 44~51퍼센트였고, 여름에는

그림 8  2019년 2월 21일 5시 16분에
수신한 긴급재난문자의 내용이다

국내에서 발생하는 미세먼지의 비율이 오히려 더 높았으며, 중국
의 영향은 일반적으로 알려진 만큼 압도적이지 않았다는 것이다.
오히려 문제는 우리에게 중국 미세먼지의 영향을 제대로 따지기
위한 정교한 공기과학이 부족하다는 사실이었다. 국경 안팎의 미
세먼지가 언제 어디서 어떻게 생성되는지 구체적으로 밝혀낼 때,
한국은 중국을 협상 테이블로 불러내 공기외교를 추진해볼 수 있
다. 장임석 센터장은 "이제 우리 한국 과학자들이 답을 할 때"라
고 말했다.[33]

다음 발제자인 이정용 환경부 팀장은 미세먼지 문제를 중국과의 관계에서 발생하는 것으로 해석하는 대신 과거 한국사회의 우연과 필연이 누적된 결과로 보았다. 경제개발을 최우선 과제로 두는 정책, 미세먼지를 통합적으로 관리하기에는 부족한 과학, 오염원을 실질적으로 규제하지 않는 관행, 부실한 환경제도가 느리고 강하게 결합하여 지금의 미세먼지 재난을 낳았다는 것이다. 그는 대표적인 실책으로 미세먼지 배출이 많은 경유차의 보급을 대폭 확대한 '클린 디젤' 정책을 들었다. 정부가 정확한 사실 확인 없이 경유차가 환경에 좋다는 클린 디젤 신화에 편승해왔다는 것이다. 공기오염물질 배출 시설에 대한 지도·단속이 부실해 불법배출이 만연했던 것, 미세먼지 기준이 미국보다 20년 늦은 2015년에야 수립된 것도 우리가 반성해야 하는 역사적 과오였다. 느린 공기재난을 겪고 있는 우리에게 필요한 것은 남 탓이 아니라 자신의 공기역사를 되돌아보는 일이다.

2019년 11월 29일 충남 당진시의 한 스포츠센터에도 호흡공동체의 곤경을 자신의 문제로 여기는 시민들이 모였다.[34] 반기문 위원장이 이끄는 국가기후환경회의가 전국을 순회하며 개최하는 미세먼지 타운홀 미팅이 열리는 날이었다. 당진시에는 한국에서 미세먼지를 가장 많이 배출한다는 현대제철소와 석탄 화력발전소가 있다. 미세먼지의 원료가 되는 유기화합물을 많이 배출하는 화학공단도 근처에 있다. 그러나 당진 사람들이 모두 이런 산업시설들을 없애고 싶어하는 것은 아니다. 제철소, 발전소, 화학공장은 당진 사람들의 경제적 터전이기도 하기 때문이다. 이렇게 엇갈리는 이해관계 속에서 당진의 공기관계를 재설정하는 작업은 복잡하고 어렵다. 국가기후환경회의가 미세먼지에 대한 사회적 타협을 모색할 첫번째 장소로 당진을 선정한 이유이기도 하다.

타운홀 미팅에 나온 당진 시민 1백여명은 각자 공기에 관해 나름의 입장을 가지고 있었다. 세 아이의 엄마라는 한 참가자는 전국 미세먼지 배출 1위 지자체인 당진에서 자식을 키우는 불안감을 토로했다. 부모로서 아이에게 더 나은 공기환경을 마련해주지 못하는 미안함과 새로운 공장이 들어선다는데도 아무런 정보를 알 수 없는 답답함을 늘 안고 산다는 것이었다. 에너지 강사로 일하는 다른 시민은 암 투병을 하면서 당진의 공기환경에 대해 다시 생각하게 되었다. 그는 "〔당진이—인용자〕 전국에서 1등 오염물질 도시인데, 이 지역에 사는 주민들에게 환경오염물질들이 어떤 영향을 주는지 조사, 연구해야 한다"고 주장했다. 당진 화력발전소의 환경관리 담당자라고 밝힌 한 참가자는 앞서 나온 불만과 요구에 답하려 했다. 그는 우선 당진 시민이자 초등학생 둘의 아버지로서 공기문제에 무거운 책임감을 느끼고 있다고 말했다. 다음으로 그는 화력발전소가 발빠르게 대응해서 2018년에 대기오염물질 배출을 2015년과 대비해 약 40퍼센트 줄였다고 밝혔다. 2025년까지 환경 설비에 2조원을 더 투자해서 대기오염물질 배출을 60퍼센트 이상 줄일 계획도 소개했다.

화력발전소 담당자의 응답 후 나온 의견은 각양각색이었다. 당진 지역 이장이라는 한 참가자는 산업시설만이 아니라 자기처럼 농사를 짓는 사람도 미세먼지의 가해자였다고 고백했다. 몇년 전까지만 해도 농업폐기물을 저녁에 몰래 태워버리는 것이 많은 농부들의 일상이었다는 것이다. 반면 산업시설을 관리하는 정부의 책임을 묻는 사람들도 있었다. 한 시민은 발전소 주변 지역에 주어지는 지원금이 공기정화와 관련 없는 체육관이나 터미널 건립을 위해 주로 사용되어왔다고 꼬집었다. 그의 생각에 이 지원금의 일부분은 발전소 주변에 숲을 조성하는 데 우선 사용하는 것이 합당했다. 우리 사회가 장기적인 공기미래를 설계하기 위해 석탄 발전소 체제에서 아예 벗어나야 한다는 주장도 있었다. 미세먼지뿐만 아니라 이산화탄소를 많이 배출하는 석탄 발전소가 한국을 '기후 악당'으로 만드는 주요한 시설이라는 사실이 그 근거였다. 당진 사람들은 같은 공기를 숨쉬면서 서로 다른 공기미래를 상상하고 있었다.

이날 타운홀 미팅에 참여한 당진시장, 충청남도 공무원, 반기문 위원장은 평소에는 들을 수 없던 현장의 공기관계에 대한 의견들을 두시간 반 동안 청취했다. 반기문 위원장은 "여러분이 말씀하신 것을 우리가 다 잘 기록을 해놓고 있고, 거기에 대해서 상세하게 대책을 세우고 필요한 조치를 하겠다"고 응답했다.

한번의 타운홀 미팅으로 모든 시민의 의견을 대변하는 대책과 조치를 마련하기는 힘들 것이다. 화력발전소는 미세먼지를 생산하지만 전기도 생산하고, 지역 주민의 건강을 해치지만 지역 경제를 살리는 기반 시설이기도 하다. UN 사무총장도 쉽게 해결할 수 없는 모순적 상황이다. 하지만 타운홀 미팅을 통해 공기정책 결정자들은 적어도 얽히고설킨 공기의제의 목록을 정리해볼 수 있었다. 공기모순을 단번에 풀 수는 없을지라도 목록에 적힌 의제 하나하나를 붙들기로 결심할 때 우리는 한국이라는 호흡공동체를 구성할 수 있다.

## 숨쉴 권리

다시 2019년 4월 15일 광화문 광장의 미세먼지 집회 현장. 강원도 고성에서 온 30대 엄마가 아이를 데리고 무대에 올랐다. "저희 아이는 숫자를 미세먼지 측정기로 배웠습니다. 아침에 일어나면 '엄마 오늘 밖에 나갈 수 있어?'라며 하도 물어보길래 '측정기 봐'라고 그랬는데, 그렇게 숫자를 배웠어요." 아이에게는 미세먼지 '나쁨'과 '매우 나쁨'이 큰 숫자와 더 큰 숫자의 차이를 분별하는 기준이 되었다. 미세먼지 측정기에 표시되는 숫자는 아이가 오늘 하루 해도 되는 일과 하면 안 되는 일을 가르는 명령이고 엄마도 어찌할 수 없는 절대 권위이기도 하다. 엄마는 좀처럼 떨어지지 않는 미세먼지 수치를 보며 앞으로 아이가 영위할 삶의 질을 불안하게 가늠한다. 엄마는 아이가 숫자를 익히는 미세먼지 측정기 수치가 언제나 정확할 것을 바라는 한편 아이가 측정기 숫자 따위 없이도 살 수 있게 되기를 바란다.

미대촉 회원들을 인터넷 카페로, 광화문 광장으로 이끄는 힘은 불안과 불신이다. 이들은 정부가 미세먼지에 대응하는 의지와 실천을 쉽게 믿지 않는다. 마냥 정부에 맡겨두었다가는 내 아이가 언제 다시 맑은 공기를 마실 수 있을지 기약할 수 없다고 생각한다. 그래서 회원들은 형편이 되는 한 공기청정기를 여러개 사서 방에도, 거실에도, 자동차에도, 유모차에도 갖춰놓는다. 정부가 내놓는 숫자를 믿을 수 없어서 직접 미세먼지 측정기를 사고 측정 데이터를 공유한다. 이들은 언제라도 각자도생의 공기경쟁에 돌입하여 자신과 가족이 숨쉴 공기를 직접 만들고 지킬 태세를 갖추고 있다.

그러나 이들은 미세먼지로 오염된 공기가 결국 공동체 전체의 곤경이고 정부를 통해서만 해결될 수 있는 문제라는 점 또한 잘 알고 있다. 매년 봄 공기청정기 최신 모델을 구입하는 것으로는 아이가 평생 마실 공기를 만들어낼 수 없다는 사실은 모두에게 분명하다. 과학, 행정, 외교를 망라하는 공적 자원을 과감하고 꾸준하게 투입해야만 공기위기를 해결하는 실마리를 겨우 잡을 수 있다는 생각도 이제 낯설지 않다. 그래서 미대촉 회원들은 각자 전자제품 마트로 가서 쇼핑하는 것으로 활동을 끝내지 않고 굳이 광화문 광장에 모여 구호를 외친다. 마트가 아닌 광장에서 이들이 궁극적으로 요구하는 것은 공기제품이 아니라 숨쉴 권리다. 지금껏 시민이 요구해야 하는지도 정부가 보장해야 하는지도 몰랐던 권리, 오래되었지만 새로운 권리다.

이날 집회를 주최한 한혜련 부매니저는 무대에 올라 미대촉이 과연 무엇을 촉구하는지 설명했다. "교육기관에 공기정화 장치 들어가는 게 저희 목표의 1백 퍼센트가 아니라는 거 알고 계시죠? 중국발이니, 국내발이니, 제발 이런 소모적인 논쟁 하지 말고 모든 거 합쳐서 같이 해결하는 게, 그거에 대한 대책 촉구가 목표고요." 공기과학도 잘 하고, 공기외교도 잘 하고, 공기정치도 잘 하라는 주문, 만약 공기정책을 책임지는 사람이 듣는다면 과도하게 느낄 수도 있는 요구였다. 하지만 철학자 도나 해러웨이Donna J. Haraway가 말한 것처럼 책임responsibility이란 변화하는 상황과 엇갈리는 요청에 응답하는 능력response-ability이다. 미세먼지의 공기관계에는 경합하는 지식, 상충하는 가치, 논쟁적인 제도가 얽혀 있다. 이 복잡한 관계 속에서 숨쉴 권리를 요구하고 이에 응답하는 것은 곧 우리 자신과 우리를 둘러싼 공기에 대해 책임을 지는 일이다. 미대촉은 결국 미세먼지 속 호흡공동체에 대한 책임을 촉구하고 있었다. 집회 마지막 순서는 단체사진 촬영과 구호 제창이었다. 미대촉 회원들은 카메라 앞에서 팔을 들어올리며 외쳤다.

"미세먼지는 발암먼지, 정부와 국회는 숨쉴 권리를 보장하라!"

# 2장

# 따로 또 같이

감염병 시대,
우리는 숨을 섞지 않고도
연결될 수 있는가

## 위험한 연결

　2020년 8월 31일 공항철도 열차가 인천공항1터미널역에 도착하자 승객 네명이 열차에서 내려 텅 빈 승강장을 따라 걸어갔다. 3층 출국장의 공기는 적막했다. 여행사 부스는 텅 비었고 항공사 카운터는 닫혀 있었다. 공항 안내 로봇 '에어스타'가 사람 없는 체크인 창구 근처를 배회하며 누군가 말을 걸어주기를 기다리고 있었다. 운항 정보 안내 전광판은 다음 날 오전 출국 비행기 정보까지 다 표시해도 화면의 반의 반밖에 차지 않았다. 터미널 유리벽 너머의 공항 계류장에는 비행기 두대가 서 있었다. 8월 31일 하루 동안 인천공항 제1여객터미널을 통해 출국할 예정인 사람은 1753명뿐이었다. 닫혀 있는 항공사 카운터 주변에서는 인천공

그림 1　인천국제공항 출국장의 안내 로봇 에어스타. 2020년 8월 31일

항 개항 20주년을 앞두고 리모델링 공사가 한창이었다. 쇠 가는 소리, 망치질 소리, 안전 경고음이 텅 빈 터미널에 울려 퍼졌다. 공사구역을 막아놓은 가벽에는 인천공항의 슬로건이 영문으로 크게 적혀 있었다. "Expect Exceptional"(특별함을 기대하라).

　터미널 1층 입국장의 공기는 3층 출국장보다 더 무거웠다. 모든 입국자는 예전에는 빠르게 지나갔을 검역대 앞에 생긴 긴 대기줄에 섰다. 자기 순서가 돌아오면 검역관에게 다가가 기내에서 미리 작성한 건강상태 질문서를 제출하고 체온을 쟀다. 코로나19<sup>COVID-19, 코로나바이러스감염증-19</sup> 의심증상이 없는 사람은 입국심사대 옆에 마련된 특별입국 부스로 이동해 특별검역 신고서와 국내 자가격리 주소지를 확인받고, 스마트폰에 자가격리 앱을 설치했다. 코로나19 의심증상이 있는 사람은 검역대 옆 별도 공간으로 이동해 공중보건의와 심층 면담을 하고 선별진료소에서 진단검사를 받았다.

입국장 C구역과 E구역 바깥에는 방역복을 입은 직원들이 기다리고 있었다. 이들은 보안구역을 빠져나온 입국자의 팔에 빨간색 동그라미 스티커를 붙이며 출구로 향하는 길을 알려주었다. 입국자와 공항 방문객을 구분하고, 이들의 동선이 겹치지 않도록 관리하기 위해서였다. 팔에 스티커를 하나씩 붙인 사람들은 화살표를 따라 이동한 다음, 거주지 지자체에서 운영하는 부스에서 교통편과 코로나 선별검사 및 자가격리 지침을 안내받았다. 바닥에는 "대기선 Please Queue Here(여기에 줄을 서시오)"라고 적힌 파란색 선이 띄엄띄엄 그어져 있었다. 앞사람과 적당한 거리를 유지하도록 돕는 표지였다.[1]

공항은 원래 사람과 물자를 연결하고 끊임없이 이동하게 하는 곳이다. 그러나 이제 공항이 제공하는 연결은 감염의 위험을 내포하게 되었다. 코로나19 대유행 이후 공항 입국장은 반가운 상봉의 장소가 아니라 멀리서 들어온 바이러스가 사람의 숨을 통해 한국의 공기와 사람으로 옮겨가는 잠재적 위험의 공간이 되었다. 바이러스라는 새로운 기준이 입국자들의 동선을 나누었고, 공항에서도 바이러스를 가진 사람을 찾아내고 분리하기 위해 내부의 공간과 절차를 재편하였다. 감염 여부가 확인되지 않은 입국자들의 숨이 서로 섞이는 일이 없도록 해야 했다. 사람의 연결을 유지하되 바이러스의 연결을 끊어내는 것이 팬데믹 시대 인천공항 입국장의 최대 임무였다.

"특별함을 기대하라"라는 인천공항의 슬로건은 이 모든 상황에 신기하게 들어맞았다. 지금까지 공항에서 기대할 수 없었던 특별한 풍경이 펼쳐지고 있었다. 'Exceptional'이라는 단어를 '특별한' 대신 '예외적'으로 해석할 수도 있다. 통상적인 규칙과 절차로는 감당할 수 없는 예외적인 공기가 공항을 통해 흘렀다. 특별검역을 받고 특별입국 부스를 통과한 여행객들은 하나의 거대한 예외적 상황 속으로 들어왔다. 공항 입국 시스템을 급하게 바꾼 사람들도, 이를 통과해 한국으로 들어오는 사람들도 무엇이 정답인지 모르는 상태에서 이 특별하고 예외적인 공기관계에 적응하느라 애를 썼다.

코로나19 팬데믹을 통해 등장한 공기관계는 지난 몇년 동안 형성된 미세먼지의 공기관계와 다르다. 미세먼지의 공기관계는 내가 사는 지역 전체를 뒤덮은 오염된 공기 속에서 내 몸을 어떻게 지키느냐 하는 문제와 관련된 것이었다. 이에 비해 코로나19의 공기관계에서 중요한 것은 나와 타인 사이에 놓인 공기, 즉 바이러스가 떠다니는 공기의 문제다. 코로나19의 공기풍경은 광화문광장 같은 열린 공간보다는 인천공항 입국장 같은 실내 공간에서 주로 펼쳐진다. 한 공간에 있는 사람들이 숨을 교환하는 것을 강력하게 통제해야 하는 상황 속에서 새로운 지식과 규범이 생긴다. 병원, 식당, 콜센터, 교실, 공연장 등 노동과 생활의 모든 공간에서 우리는 어떻게 밀집·밀접·밀폐를 피하는 동시에 상호 연결을 유지할 수 있을 것인가. 사람과 사람이 모여 숨을 섞는 모든 공간에서 우리가 새로 만들어가야 하는 공기관계는 무엇인가. 코로나19 시대에 등장하고 있는 공기기술은 어떤 호흡공동체를 지향하는가.

## 메르스 사태와 공기실패

감염병 국면에서 사람들의 숨이 섞이는 것을 막는 일의 어려움은 2015년 메르스Middle East Respiratory Syndrome, MERS, 중동호흡기증후군 유행 때 이미 드러났다. 감염된 환자와 같은 공간에 머무른 사람들이 연달아 감염되었다. 코로나19의 대유행을 겪고 있는 지금 시점에서는 익숙한 일이지만, 2015년 당시 사람과 사람 사이의 연결과 공존이 나를 감염시키고 죽게 할 수 있다는 공포는 많은 사람에게 낯선 것이었다. 충분한 사전 대비가 없던 상황에서 방역 당국과 의료진은 도대체 어떤 공기조건에서 새로운 감염이 발생하는지, 환자를 어떻게 발견해서 추가 감염 위험 없이 치료할 것인지 빠르게 결정하고 실행해야 했다. 그렇게 하기 위해 환자와 오염된 공기를 외부와 철저히 격리하는 '음압병실'이라는 시설이 크게 부족하다는 사실, 병원의 구조 설계가 공기를 관리하여 바이러스 전파를 막는 데 적합하지 않다는 사실, 방역 당국이 사람들의 동선을 통제하고 공기관계에 개입하는 일에 서툴다는 사실이 곧 드러났다. 메르스 사태에 대해 여러 각도의 진단이 가능하겠지만, 2015년 메르스 대응의 실패에는 공기기술의 실패와 공기관계 설정의 실패가 포함된다.

2015년 6월 2일 고려대학교 감염내과 최원석 교수는 평소 근무지인 고려대학교안암병원이 아닌 수원의료원으로 향했다.[2] 1주일 전쯤 시작된 메르스 감염은 수도권의 의료진을 유례없는 상황으로 몰아넣고 있었다. 경기도의 요청을 받은 그는 감염내과가 없는 수원의료원에서 메르스 의심환자를 격리하고 진단하고 치료하는 일에 도움을 주기로 한 터였다. 지난 며칠간 핸드폰에서는 네이버의 사회연결망서비스 '밴드'에서 오는 알림 소리가 끊이지 않았다. 전국 2백여명의 감염내과 전문가들이 참여하는 '감염밴드'에는 새로 발생한 환자가 어떤 증상을 보이는지, 효과적인 치료법은 무엇인지, 외국 저널에 새로 출판된 정보가 있는지에 대한 게시글이 쏟아지고 있었다. 환자와 정보의 홍수로 혼란스러운 상황이었다.

수원의료원에 부족한 것은 감염내과 전문의만이 아니었다. 메르스 전담 병원으로 지정되기는 했지만 이 병원의 설비는 늘어나는 환자 수를 감당하기 어려운 수준이었다. 감염병 환자를 외부와 철저히 격리해서 공기감염의 가능성을 차단하는 '음압병실'은 이 병원에 여덟개뿐이었다. 다른 병원에서 급히 음압시설을 떼어와 네개를 더 만들었지만 이 병원이 감염병 거점병원의 역할을 하기에는 여전히 턱없이 부족했다. 궁여지책으로 수원의료원은 임시로 음압을 만들 수 있는 공조空調설비를 구해서 간이 음압병실을 만들기로 했다. 스위스에서 공수되어 온 개당 6백만원짜리 이동형 음압기가 밤낮없는 공사를 거쳐 수원의료원 일반 병실에 설치됐다.[3] "국가지정 격리병상을 운영하고 있는 병원 대부분이 '설마 일이 터지겠어?' 이렇게 생각했을 겁니다. 그러니 평상시에 쓸 것들에만 포커스를 맞추고 있지 않았을까 하는 생각이 들어요." 감염병의 위험을 간과한 한국사회로 파고든 메르스 사태를 최교수는 '스위스 치즈' 모델로 설명했다. "스위스 치즈 여러 겹을 실로 한번에 꿰려면 치즈에 뚫린 구멍 위치가 맞아야 하죠. (…) 어쩌면 이번 메르스 사태는 우리 사회에 뚫린 구멍이 너무 많아서 구멍을 맞출 필요도 없이 터진 것이었을 수도 있어요."

음압격리 시설을 갖춘 병실이 턱없이 부족했던 것은 수원의료원만이 아니었다. 2003년 사스, 2009년 신종플루novel swine-origin influenza A (H1N1)와 같은 호흡기감염병을 경험한 한국은 메르스 발생 당시 17개 의료시설에 국가지정 음압격리병실을 설치해 공기위기에 대비하려 했지만, 이것만으로는 서울과 경기 지역에서 쏟아지는 환자를 격리하기에 역부족이었다. 그나마 존재한 음압병실도 상당수는 1인 1실의 밀폐 구조가 아니어서 병원 내 감염에 취약했던 것으로 드러났다. 2016년 감사원의 조사에 따르면 119개의 국가지정 음압격리병상 중 1인실의 병상은 40개뿐이었고 나머지 79개는 병상 2~5개가 하나의 음압병실에 놓여 있는 다인실 병상이었다. 서류상에 존재하는 병상 수에 비해 의료진이 믿고 사용할 수 있는 병실은 훨씬 적었던 셈이다. 그 결과 의료진은 환자를 감싸서 격리하는 공기주머니를 마련하기 위해 일반 병실에 설치해 공기를 퍼내는 '이동형 음압기'나 병원 건물 바깥에 설치하는 '음압텐트' 같은 임시방편에 의지할 수밖에 없었다.[4]

2015년 6월 호흡기 중환자 전문의 M교수도 바이러스가 섞인 공기를 격리하기 위해 분투하고 있었다. 그도 '밴드'에 가입해서 정보를 얻고 의견을 나누는 회원이었다. M교수가 일하는 병원에는 다행히 음압설비를 갖춘 국가지정 입원치료 병상이 설치되어 있었다. 문제는 음압병실의 위치였다. 음압병실은 독립된 공간이 아니라 일반 병실과 같은 층에, 그것도 병동의 끝에 있었다. 감염된 환자를 옮기는 동안 병원 내 감염이 일어날 가능성이 컸다. 음압병실을 실제로 사용하는 상황을 고려하지 않고 설계했다고 볼수 있었다. "사실 이런 사태 때 어떻게 하라는 트레이닝을 해본적도 없어요. 알고리즘을 만들어본 적도 없고요." 그래도 병동 끝에 있는 음압병실을 어떻게든 활용해야만 했다. M교수와 의료진은 고민 끝에 음압병실이 있는 층의 일반 병실을 모두 비우기로 했다. 메르스 감염병은 병원의 공간 배치를 뒤흔들어놓았다.[5]

음압치료 병동은 환자가 입원해서 퇴원할 때까지 그에게 밀폐된 환경을 제공해야 한다. 감염병 의심환자가 앰뷸런스를 타고 병동에 도착해, 음압침상을 사용해서 병원 엘리베이터를 타고 병실에 들어가는 모든 동선에서 일반 환자와 숨을 섞는 일이 없어야 한다. 이를 위해서는 감염병 환자 전용 엘리베이터는 물론 의료진이 병실을 드나들 때 안팎의 공기가 섞이지 않도록 공간을 구획하는 전실도 반드시 설치해야 한다. 또 음압병실은 환자의 침대만이 아니라 탈의실, 화장실, 오물처리실 등을 갖추어 환자가 밖으로 나가지 않으면서 생명을 유지할 수 있도록 기본적 삶의 조건을 모두 제공해야 한다. 그러나 2015년 당시 의료시설은 이렇게 까다로운 공기조건을 충족하지 못했다. 구급차량은 운전석과 환자실이 분리되지 않아 이송요원이 감염될 위험이 컸다. 음압병동 전용 엘리베이터 및 통로가 없어서 공용 시설과 환자의 동선이 겹치는 경우도 잦았다. 19개 국가지정 격리의료기관 중 음압병실이 충분히 밀봉되지 않은 병원이 열세곳, 전실이 없는 병원이 다섯곳, 폐수 처리가 불가능한 병원이 열다섯곳에 달했다. 병원은 메르스에 대응할 만큼 공기와 공간을 치밀하게 관리하지 못하고 있었다.[6]

위험한 공기 안으로 들어가서 환자를 돌보아야 하는 간호사 역시 급작스러운 감염병에 대비하지 못하고 있었다. 같은 시기 분당서울대학교병원에서 일했던 최은영 간호사는 메르스 사태를 겪으며 현장에서 감염병의 위협으로부터 간호진을 보호할 제도와 지식이 얼마나 부족한지 몸소 경험했다. 의료진들은 메르스 이전에는 위험한 공기를 대하는 훈련을 충분하게 받지 못했다. 모터를 장착한 공기정화기가 달려 있어 마치 우주복처럼 보이는 보호복을 입느라 고생한 간호사들은 절반 이상이 이전에 보호복을 입어본 적이 없었다. 최은영 간호사가 방역 당국에 착·탈복 교육을 의뢰하자 '그림을 보고 입으라'는 대답이 돌아왔다. 제대로 훈련받지 못한 채 메르스 환자에게 주사를 놓고, 병실을 청소하고, 의료폐기물을 정리하게 된 간호진 사이에서는 정말 죽을지 모른다는 두려움도 커졌다. (189명의 메르스 확진자 중 15명이 간호사였다.) 위험한 공기 안에서 거동하는 상세한 방법은 현장에서 하나하나 깨달아가는 수밖에 없었다. 최은영 간호사는 방호복을 입은 자신이 환자를 어떤 방향에서 대면해야 하는지 스스로 터득했다. 음압병실에서는 화장실 쪽으로 공기가 빨려 나가기 때문에 환자의 비말이 간호사의 몸에 묻는 것을 방지하려면 화장실과 간호사 사이에 환자를 두는 것이 가장 안전하다. 만약 간호사가 환자와 화장실 사이에 서야 하는 경우에는 가능한 한 환자의 숨과 멀어질 수 있도록 환자의 발치로 자리를 옮긴다. 처음 맞는

바이러스 앞에서 의료진은 병실 내부의 새로운 공기관계에 대한 지식을 어렵사리 만들어갔다.[7]

메르스 때는 바이러스에 노출된 사람을 찾아내서 선별하고 격리하는 기술도 미비했다. 방역과 역학조사를 담당한 질병관리본부(현 질병관리청)가 감염자와 공기를 공유한 사람을 위험하다고 판단하는 기준을 느슨하게 정했기 때문이다. 2015년 유행 당시 역학조사 가이드라인을 제시한 『메르스 대응 지침』 2판은 음압시설에 격리해야 할 밀접접촉자를 '확진자와 2미터 이내의 공간에 1시간 이상 머문 사람'이라고 좁게 정의했다. 이 기준에 따르면 메르스 확진자와 같은 병실을 쓴 몇몇 사람만 밀접접촉자로 분류된다. 감염자로부터 2미터 이내에 머무른 경우 밀접접촉자로 분류하는 미국 질병통제예방센터Centers for Disease Control and Prevention, CDC 의 기준보다 훨씬 느슨한 셈이었다. 공기를 통한 넓은 범위의 감염 가능성을 배제할 수 없던 메르스 국면에서 이렇게 좁은 방역망은 병원 내 감염이라는 치명적 결과를 낳았다. 평택성모병원 8104호 병실에서 첫 환자가 확진된 다음 질병관리본부는 이 병실을 드나든 사람들만 격리하는 '8104호 봉쇄' 방침을 정했다. 하지만 정작 추가로 확진된 사람은 같은 층 복도 건너편 병실에 머문 환자였다. 방역 당국은 부랴부랴 밀접접촉자의 정의에서 '1시간 이상'이라는 문구를 삭제해 기준을 강화했지만 이미 바이러스는 느슨한 방역망을 뚫고 다른 병원들로 퍼져나간 뒤였다.[8]

메르스 방역의 실패를 어떻게 해석할 것인가? 2015년 당시 많은 사람들은 늘어나는 메르스 사망자를 보면서 한해 전 세월호 참사를 떠올렸다. 이들에게 메르스 방역은 정부가 국민의 생명을 지키는 데 실패한 또 한번의 국가 실패 사례였다. 메르스 방역을 지휘한 행정가들은 관계 부처 간 협력 부족이나 컨트롤타워인 질병관리본부의 약한 권한 때문에 접촉자 선별과 격리가 더디게 이루어진 것을 아쉬운 점으로 꼽았다. 이런 관점에서 메르스는 부처 간 소통과 방역정책의 실패였다. 의료전문가들에게는 어느정도 알려져 있는 감염병의 위험을 제대로 숙지하지 못한 정부의 예방과 대비의 실패이기도 했다.

공기관계의 관점에서 보면 어떨까? 메르스 대응 현장에서 제대로 작동하지 않은 것 중 하나는 공기관계를 관리하고 이에 개입하는 기술이었다. 2015년 메르스 사태에서 한국사회는 바이러스를 막을 수 있는 공기시설을 확보하는 일, 접촉자와 감염자를 빠르게 가려내어 공기주머니 안쪽으로 격리하는 일, 공기주머니 안의 환자에게 안전하게 다가가서 치료를 제공하는 일에 성공적이지 못했다. 바이러스의 이동을 막도록 밀폐된 공기주머니를 만들고, 유지하고, 운영하는 공기기술은 메르스라는 공기위기 속에서 국가에 대한 신뢰, 전문가의 권위, 정책의 실효성을 담보하는 바탕이었다. 이러한 공기기술의 실패는 한국의 메르스 대응 실패를 초래한 중요한 요소였다.

메르스 바이러스는 분명 한국의 감염병 관리 체계의 큰 허점을 드러냈다. 하지만 코로나19 팬데믹이 진행 중인 시점에서 중요한 질문은 과연 2015년의 실패 이후 우리가 무엇을 배웠느냐 하는 것이다. 2015년의 메르스 유행 이후 바이러스, 공기, 사람의 관계를 이해하고 관리하기 위한 노력은 얼마나 이루어졌는가. 코로나19 바이러스에 대응할 수 있는 새로운 공기지식과 공기기술은 얼마나 충실하게 준비되어 있었는가.

## 공기시뮬레이션
### 바이러스와 공기를 예측하고 예습하기

메르스 사태는 한국 의료시스템의 공기관리 능력을 총체적으로 점검하는 계기가 되었다. 2017년에는 병원이 '상급종합병원'으로 지정되려면 반드시 음압병실을 설치해야 한다는 법령이 생겼다. 이에 따라 대형 병원들은 3백 병상당 음압병실 하나를, 또 추가 1백 병상당 음압병실을 하나씩 더 설치하게 되었다. 메르스 당시 119개였던 국가지정 음압격리병상도 코로나19 팬데믹 직전인 2019년 11월까지 198개로 크게 늘었다. 느슨했던 음압병실의 관리도 훨씬 까다로워졌다. 2018년부터 감염병 관리시설 평가제도가 본격적으로 실시돼 전국의 음압병실이 오염된 공기를 제대로 가둘 능력이 있는지 꼼꼼히 점검할 수 있게 되었다. 질병관리본부가 마련한 체크리스트에는 전실 설치 여부, 환기장치 성능 등 음압병동의 기초적인 조건 외에도 이 시설이 실제 활용되는 상황을 가정한 평가 항목이 들어갔다. 감염병 환자가 음압병실로 들어오는 동선이 일반 환자가 치료받는 구역과 분리되어 있는지, 환자가 누운 침대가 들어갈 수 있을 만큼 전실이 충분히 넓은지, 의료진이 보호복을 입고 벗는 공간이 충분한지 확인하고 감시하게 되었다. 음압병실을 사용하는 의료진에 대한 교육도 크게 달라졌다. 그동안 주로 서면이나 토론 형식으로 진행되던 감염병 대비 훈련은 실제 공기설비를 사용해보는 현장 훈련으로 대체됐다. 메르스 이후 병원은 바이러스와 공기의 흐름을 더 잘 들여다볼 수 있는 공간으로 진화했다.[9]

### 평택성모병원: 바이러스 추적자

2015년 6월 7일, 37명의 확진자가 나오면서 메르스 유행의 '진원지'라는 오명을 얻고 잠시 문을 닫은 평택성모병원에 바이러스 확산 원리를 이해하기 위한 공기기술이 등장했다. 국내 메르스 확진 1번 환자가 입원한 평택성모병원에서 멀리 떨어진 두 병실 환자 간 전염이 발생하자 몇몇 전문가들은 조심스럽게 메르스의 공기 중 확산 가능성을 이야기하기 시작했다. 하지만 메르스가 공기로 감염되는 질병군으로 분류되지 않았기 때문에 메르스의 '공기 중 확산'이라는 주장을 위해서는 더 많은 연구가 필요했다. 평택성모병원에 파견된 역학조사팀은 확진자, 보호자, 의료진을 인터뷰하고 바이러스가 확산된 정황 정보를 바탕으로 병원 8층에서 공기흐름을 확인할 수 있는 실험을 수행했다.[10]

연구진이 실험을 진행한 6월 7일, 병원 밖 풍향, 풍속, 기온은 1번 확진자 입원 시기의 기상조건과 비슷했다. 연구진은 사건 발생 당시 병원 내부의 공기흐름을 재연하기 위해 1번 확진자가 입원한 8104호에서 육불화황sulfur hexafluoride, SF6이라는 추적 가스를 피웠다. 8104호와 가까운 8103호와 8106호, 복도 건너편의 8110호와 8113호, 그리고 1인실인 8218호 내부에 1.2미터 높이로 광음향 가스검출기를 설치했다. 추적 가스가 어디까지 닿는지 측정해 바이러스의 경로를 추정하는 실험이었다.

평택성모병원에서 바이러스가 확산된 순간의 공기흐름을 그대로 재연하는 것은 불가능하다. 아무리 신속하게 병원을 폐쇄하고 실험을 한다고 해도, 실험 때의 공기조건이 사건 당시와 완벽하게 일치할 수는 없었다. 특히 결과에 영향을 미칠 수 있는 기상 상황은 현장 실험이 진행되는 몇시간 사이에도 계속 변했다. 실내 공기흐름을 바꿀 수 있는 에어컨 사용 여부, 창문 개폐 여부 등을 조사했지만, 역학조사에 응답한 사람들의 기억은 정확하지 않을 수도 있었다. 또한 추적 가스로 사용된 육불화황의 분자는 일반적인 비말 입자보다 작아 공기 중에서 퍼지는 양상이 그와 다르다는 한계가 있었다. 하지만 연구진은 환자가 내뿜은 비말 입자가 곧바로 증발하여 공기와 함께 흐를 수 있다는 가정을 토대로 육불화황을 추적 가스로 활용했다. 폐쇄된 병원에서 실험을 진행한 것 또한 재연 실험을 불완전하게 만드는 요소였다. 환자와 의료진의 몸에서 나오는 열이 바이러스 확산에 영향을 미칠 수도 있지만 이 실험에서 모두 고려될 수는 없었다. 병원 속 공기는 여러가지 의미로 불안정하고 불확실한 대상이었다.

추적 가스는 바이러스가 이동한 경로를 추정할 수 있는 단서를 제공해주었다. 확진자가 나온 진원지인 8104호에서 가장 먼 8110호에서 검출된 추적 가스의 농도는 진원지 농도의 7.56퍼센트였다. 조건만 잘 맞으면 진원지의 공기가 먼 병실까지 이동할 수 있음을 보여주는 결과였다. 반면 2차 감염자가 한명도 나오지 않은 남쪽의 산부인과 병동에서는 가스가 거의 검출되지 않았다. 이는 사건 당시의 공기조건 속에서는 진원지의 공기가 2차 감염자가 나오지 않은 공간까지 닿지 않음을 의미했다. 현장 실험 결과를 토대로 연구진은 메르스 바이러스가 아주 미세한 비말 안에 담겨 공기 중에서 자유롭게 떠다닌다면, 공기의 조건에 따라 원거리 확산도 가능하다고 판단했다. 이는 메르스 감염 환자에 대해 공기감염에 준하는 조치를 취해야 한다는 미국 질병통제예방센터의 권고와 일치하는 내용이었다.

사건 발생 당시의 공기정보를 유추하기 위해 연구진이 선택한 두번째 실험 방법은 전산유체역학Computational Fluid Dynamics, CFD 도구, 즉 컴퓨터 시뮬레이션을 활용하는 것이었다. 컴퓨터 시뮬레이션은 역학조사나 추적 가스 실험으로 파악할 수 없는 측정기와 측정기 사이 공간에서 공기가 흐르는 양상까지 보여줄 수 있다. 바이러스의 확산 과정을 컴퓨터상에서 제대로 구현하기 위해서는 그 과정에 영향을 줄 수 있는 병원 안팎의 모든 조건을 최대한 많이 컴퓨터에 집어넣어야 했다. 연구진은 우선 병원 도면을 바탕으로 공조설비, 창문, 침대, 벽 등 병원의 구조와 시설을 시뮬레이션상에서 재현했다. 그리고 외부 풍속, 풍향, 기온 등 사건 발생 시간대의 기상청 자료를 입력했다. 연구진은 외부 바람의 방향(서풍 또는 서남서풍)과 기계식 환기시설의 작동 여부(8104호만 작동하지 않음, 모든 병실에서 작동하지 않음, 모든 병실에서 작동함)에 따라 병원 내에서 공기가 흐르는 양상을 분석했다.

메르스 유행의 결정적 장소 중 하나였던 평택성모병원에서 연구진과 방역 당국은 무엇을 배웠을까? 이들은 병원의 물리적 구조와 시설 활용 방식에 따라 실내 공기의 흐름이 달라진다는 것을 확인했다. 적어도 평택성모병원에서 메르스 집단감염이 공기의 흐름을 따라 발생했을 가능성이 드러났다. 사건 당시처럼 진원지 8104호의 환기시설만 작동하지 않은 경우에는 진원지의 공기가 먼 병실까지 확산되는 것을 시뮬레이션이 보여주었다. 그런가 하면 바이러스 확산을 막아줄 거라 믿은 환기시설이 오히려

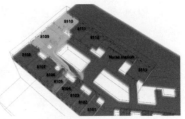

그림 2 　평택성모병원 역학조사팀이 수행한 전산유체역학 시뮬레이션. 서풍이 불 때 (좌)와 서남서풍이 불 때(우) 8104호의 공기가 각각 다른 흐름을 보이고 있다.[11]

감염 확산을 야기하는 역설적인 가능성도 포착되었다. 서풍이 불 때는 창문을 열어놓는 자연환기와 기계환기 설비가 서로 방해하여 오염물질 감소 효과가 오히려 떨어질 수 있다는 것이다. 역학조사팀은 평택성모병원처럼 중앙 복도가 있는 구조에서는 자연환기가 오히려 감염 확산의 원인이 될 수 있다고 주장하면서 이런 병원 설계를 지양해야 한다고 제안했다. 메르스 바이러스 유행이 없었다면 쉽게 생겨나지 않았을 공기지식이었다.

### 인천의료원[12]: 관문도시의 노하우

국가지정 음압격리병상이 설치된 인천의료원 62병동은 큰 감염병 위기가 닥칠 때마다 공기지식을 생산하는 중요한 역할을 해왔다. 이는 감염관리실과 감염내과를 이끄는 김진용 과장이 2012년 이곳에 처음 부임했을 때만 해도 예상하지 못한 임무였다. 그는 감염병을 전공하기는 했지만 음압격리병실을 실제로 쓰는 일이 생길 것이라고는 생각하지 못했다. 하지만 메르스와 에볼라 바이러스병을 거치며 "아직까지 본 적이 없는 무서운 감염병을 잘 가둬놓고 치료하는" 것이 곧 그의 사명이 되었다. 김진용 과장과 함께 음압병동을 운영하는 나혜경 수간호사와 김진실 감염관리실 팀장도 호흡공동체의 변경에서 공기지식을 생산하고, 확산하고, 보수하는 일을 묵묵히 맡아왔다.

공기위협을 관리하는 것은 관문도시인 인천의 의료진에게 특히 중요한 과제였다. 연간 7천만명이 드나드는 인천국제공항과 국내 물동량 2위 항구인 인천항이 있는 인천은 외부의 공기가 가장 먼저 한국에 도착해 섞이는 장소다. 공항에서 30분 거리에 있는 인천의료원은 새로운 공기위협을 끊임없이 마주한다. 2013년 8월 발생한 첫 메르스 의심환자, 2014년 9월 첫 에볼라 의심환자, 2020년 1월 코로나19 첫 확진자는 모두 인천공항 검역 과정에서 발견되어 인천의료원에 격리됐다. 숨이 섞이는 일의 위험을 최일선에서 몸소 겪은 김진용 과장은 꾸준한 대비의 필요성을 가장 잘 이해하게 되었다. 인천공항이 전세계와 연결되어 있는 이상 감염병은 어쩌다 찾아오는 예외적 위기가 아니라 언제 닥쳐도 이상하지 않은 일상적 위험이었다.

인천의료원에는 다른 의료시설에서 찾아보기 힘든 감염병 대비의 문화가 생겨났다. 인천의료원은 2012년부터 매년 '환자안전과 감염관리의 날'을 정해 감염병 예방을 주제로 한 포스터 공모

대회와 레벨 D 보호구를 입고 벗는 실력을 겨루는 경진대회를 열어온 것이다. 직원 수백명이 2만원 정도 하는 보호구를 입었다 벗는 연습을 하는 데 1천만원 가까이 들었다. 만만찮은 비용이었지만 김진용 과장은 이런 연습이야말로 공공병원이 해야 하고 또 할 수 있는 일이라고 생각해 꾸준히 실행했다. 2014년 아프리카 출신 에볼라 의심환자를 격리하고 진단해낸 경험은 인천의료원 의료진이 음압병실을 더 능숙하게 사용할 수 있는 계기가 되었다. 보호복을 입고 진찰을 하기 위해 의료진은 전자청진기에 스피커를 장착하는 방안을 고안했다. 말이 통하지 않는 환자와 안전하게 필담을 나누기 위해 아이패드를 사용한 소통 체계도 만들었다. 다양한 실전 경험을 통해 김진용 과장 팀은 격리병동이 만드는 언어와 소리의 장벽을 극복할 수 있게 된 것이다. 메르스 사태 후에는 더 안전한 음압병동을 설계하기 위해 애썼다. 2017년 6월 음압병동을 증축하여 병실 수를 7개로 크게 늘리고 독립된 엘리베이터와 방호복 착·탈의, 소독을 하는 제독실을 설치해 안전하게 환자를 격리할 수 있는 환경을 만들었다.

인천의료원의 의료진은 자신들이 쌓은 공기지식을 다른 의료기관에 전파하는 일에도 관심을 가졌다. 이들이 2019년 5월 9일과 10일 이틀에 걸쳐 시행한 신종 감염병 교육은 인천의료원의 공기관리 노하우를 인천광역시 내 의료기관의 감염병 담당자들에게 전수하는 자리였다. 김진용 과장이 신종 감염병의 특징과 최신

경향을 소개하는 총론 강의를 마친 후, 나혜경 수간호사가 레벨 D 개인 보호구와 전동식 공기정화호흡기Powered Air-Purifying Respirator, PAPR를 제대로 착용하는 방법을 교육했다. 보호구에 익숙하지 못한 교육생들은 숙련된 간호사의 도움을 받아 14단계에 달하는 개인 보호구 착의 방법을 실습했다.[13]

인천의료원의 공기관리 능력은 코로나19 1호 환자가 입원한 2020년 1월에 빛을 발했다. 김진용 과장이 음압병실에서 보호구를 착용하고 채취한 샘플은 코로나19 환자가 증상이 없는 초기에 바이러스를 많이 배출한다는 것을 밝히는 증거가 되었다. 질병관리본부는 이 사실을 바탕으로 방역전략을 짤 수 있었다. 나혜경 간호사는 환자와 숨을 섞지 않으면서 안전하게 CT를 촬영할 수 있는 방안을 마련했다. 환자가 음압병실에서 나와 방사선실로 가서 촬영을 마친 후 병실로 다시 돌아가는 모든 동선에서 발생할 수 있는 감염 가능성을 체크해서 미리 방지한 것이다. 그 결과 인천의료원은 한명의 의료진 감염도 없이 1호 환자를 완치시켰다. 또 김진실 팀장은 의료물자가 부족한 상황에서 어떻게 안전을 보장하면서 보호구를 절약할 수 있을지 고민했다. 다양한 입원 시나리오별로 감염병 환자의 동선을 꼼꼼히 설계하고 적재적소에 방역용품을 배치했다. 인천의료원은 이 의료진이 만든 다양한 공기지식을 정리하여 2020년 1월 28일 국내 첫 코로나19 감염관리 가이드라인으로 발간했다.[14]

## 명지병원: 훈련과 평가의 반복

"여기 소아청소년과 외래 4번방인데요. 메르스 의심환자가 지금 4번 방에 대기 중입니다." 2017년 11월 30일 명지병원의 감염관리실 전화로 긴급 연락이 왔다. 소아청소년과 외래병동 전문의는 신종 감염병이 의심되는 환자가 발생했으니 음압격리병상을 가동해야 한다고 말했다. 감염관리실 직원은 매뉴얼에 따라 차분하지만 재빠르게 움직였다. 가장 먼저 병원장실에 연락해 병원 전체에 상황을 공유했다. "대책본부장이신 병원장님께 보고 후 입원 수용 받았습니다." 병원장실의 인가와 함께 명지병원의 감염병 대응반이 가동됐다. 감염병을 전담하는 재난대응팀Contagious Disease Response Team, CDRT 팀원들에게는 원내 시스템을 통해 휴대폰 문자가 발송됐다. "현재 소아청소년과 외래에 메르스 의심환자 발생, CDRT 가동, 업무 즉시 이행." 문자를 받은 간호사와 담당의는 보호복 착용을 위해 지정된 장소로 이동했다.[15]

이것은 1년에 한번 진행되는 신종 감염병 모의 대응 훈련이었다. 바이러스에 감염된 외래 환자가 병동을 방문한 상황을 가정해서 병원의 설비, 매뉴얼, 인력이 감염병을 차단하기에 충분한지 점검하는 것이다. 2015년 메르스의 경험은 병원이 감염병의 진원지가 될 수 있다는 사실을 알려주었다. 명지병원처럼 메르스 발생 1년 전인 2014년부터 병원 내 감염 가능성을 예견하고 훈련 프로그램을 운영해온 병원은 드물었다. 철저한 훈련 덕분에 명지병원이 메르스 환자 다섯 명을 의료진 감염 없이 완치시켰다는 사실은 이후 크게 주목받기도 했다.[16] 메르스가 지나간 뒤에도 언젠가 닥쳐올 공기위험에 대비하기 위해 훈련은 계속되고 있었다. 훈련의 시나리오는 매해 달랐다. 2017년 훈련은 중동지역에 다녀온 청소년이 외래병동을 방문했다는 설정이었고, 2019년의 시나리오는 외부에서 확진된 환자를 경기도청의 의뢰에 따라 명지병원의 음압병실에 수용한다는 설정이었다. 이렇게 매해 다른 시나리오를 숙달함으로써 의료진은 평소에 발견할 수 없었던 병원 내부의 감염 위협을 점검할 수 있게 되었다.

재난대응팀이 문자를 받고 출동 준비를 하는 사이에 소아청소년과 사람들도 정해진 동선에 따라 기민하게 움직였다. 의심환자와 이미 숨을 섞었을지도 모르는 외래병동 내의 환자들을 즉각 격리하는 것이 그들의 역할이었다. "소아청소년과 구역에 있는 모든 분들 N95 마스크를 착용시켜주시기 바랍니다." 의심환자를 처음 발견한 의사의 요청에 따라 소아청소년과 간호사와 직원들은 미리 준비된 마스크를 실내의 모든 환자들에게 나누어주고 단단히 착용하도록 안내했다. 보안요원들은 병동의 문을 봉쇄해서 혹시나 생길 수 있는 병원 내 감염자가 병동을 빠져나가지 못하도록 했다. 그런 다음에는 병동 안에 있는 사람들의 인적 사항을 모두 파악했다. 만약 병원 내 전파가 일어나서 역학조사관이 밀접접촉자를 찾아내는 숨바꼭질을 해야 한다면, 최초 감염 환자와 숨을 섞은 사람들에 대한 꼼꼼한 정보가 중요한 단서가 될 것이었다.

곧이어 의심환자 호송 작전이 시작됐다. 의심환자와 공기를 공유하지 않으면서도 그를 빠르고 안전하게 음압병실로 입원시켜 격리하는 것이 과제였다. 우선 이 환자를 이송하는 의료진이 안전장구를 꼼꼼히 착용해야 한다. 이송을 맡은 재난대응팀 직원은 방호복은 물론 여러 겹의 장갑과 고글까지 착용했다. 위험한 숨을 내뱉는 환자에게 가까이 다가가서 돌봄을 제공하기 위해 필수적인 장비였다. 환자는 음압이동카트에 누워 이동했다. 이동형 음압기와 헤파필터를 장착한 철제 카트를 투명 비닐로 둘러싼 이 장치는 의심환자를 공기주머니 안에 넣어 외부와 분리해주었다. 음압이동카트를 밀고 음압병실에 도착한 이송팀은 대기 중인 진료팀에 환자를 인계했다.

환자를 외래병동에서 음압병실로 이송하는 동선을 설계하는 일도 간단치 않았다. 훈련 초기에는 의심환자와 비감염자의 접촉을 최소화하기 위해 인적이 없는 곳으로 크게 돌아가는 동선을 짰다. 하지만 우주복에 준하는 방호복을 겹겹으로 입은 의료진이 긴 경로를 이동할 때 쉽게 지치는 문제가 드러났다. 환자 발생과 도착 상황에 따라서도 달라져야 했다. 예를 들어 외부에서 앰뷸런스로 감염병 환자가 도착했을 때의 동선, 외래병동에서 환자가 확진을 받았을 때의 동선, 응급실에서 대규모 감염병 노출 상황이 발생했을 때의 동선이 모두 달랐다. 명지병원 의료진은 체력, 안전, 시간을 두루 고려하는 최적의 이동방안을 만들어 가이드라인에 넣었다.[17]

2017년의 훈련에는 여러모로 부족한 부분이 많았다. 훈련 평가위원이었던 이가영 특수간호과 과장은 실제 상황처럼 급박하게 연습하는 것이 필요하다고 지적했다. 조금 더 경험이 쌓인 2019년 훈련은 좀더 긍정적인 평가를 받았다. 한 평가위원은 "음압이 잘 작동했고〔간호인력들이―인용자〕잘 작동하는지 확인하는 방법도 잘 숙지하고 있었다"는 점을 강조했다. 다른 위원은 "보안 소장님이 앰뷸런스 소독을 맡았는데 구석구석 잘 소독했다"고 칭찬하기도 했다. 마스크와 방호복을 착용하고 벗는 과정은 좀처럼 익숙해지지 않았다. "보호구 착·탈의가 생각보다 어렵고요. 마스크 착·탈의도 마찬가지입니다." 체계적인 연습이 필요한 문제였다. 2015년 메르스와 2020년 코로나19 사이, 훈련과 평가를 반복하면서 명지병원 의료진은 병원 내 공기위험을 관리하는 지식과 경험을 쌓았다.[18]

코로나19 발생을 예측한 사람은 없었지만, 그렇다고 모두가 무방비 상태인 것은 아니었다. 병동 복도에서 가스를 퍼뜨리고, 컴퓨터 시뮬레이션을 돌리고, 모의 환자를 음압카트에 실어 옮기면서 의료진과 연구진은 감염병의 위험한 공기를 추적하고 이해하고 예측하려 노력했다. 바이러스를 품은 공기의 움직임을 파악해서 감염자와 비감염자가 숨을 섞는 일이 없도록 하는 일, 그와 동시에 감염자를 안전한 곳으로 옮겨 치료하는 일, 이를 위해 병원의 구조와 설비를 바꾸는 일. 메르스 대응(실패)의 교훈은 앞으로 다가올 코로나19의 공기위기 대응을 위한 자원으로 조금씩 쌓여가고 있었다.

## 공기인류학
### 사람 사이의 공기관계를 들여다보기

2020년 8월 24일 258명, 25일 264명, 26일 307명, 27일 434명. 신규 확진자가 연일 세자리 수를 기록하면서 역학조사관들의 마음이 바빠졌다. 8·15 광복절 집회가 광화문에서 열린 지 2주가 다 되어가고 있었다. 8월 15일 전국에서 온 2만여명이 광화문 주변에 모였고, 8월 17일에는 집회를 이끈 사랑제일교회 전광훈 목사가 코로나19 확진 판정을 받았다. 김범수 수원 장안구 보건소 역학조사관과 김재현 경기도 역학조사관이 맡은 지역에서도 확진자가 늘어나고 있었다. 두 역학조사관은 코로나19 검사자에게 양성 판정 결과를 알리고, 접촉자로 분류된 사람에게는 다급히 전화를 걸어 집으로 복귀해달라고 요청했다. 동선을 밝히지 않으려는 사람들을 달래고, 거짓말을 하는 사람들에게 때로는 법령으로 엄포를 놓아가며 접촉자들을 찾아냈다. BBC 코리아와 한 인터뷰에서 김재현 조사관은 이 과정을 "기름이 바다로 퍼지기 전에 펜스를 쳐서 (확산을) 막아내는 것" 같다고 했다. 문제는 집회 이후 감염 경로를 알 수 없는 확진환자가 전국적으로 늘어나고 있다는 점이었다. 광화문에 가지 않았는데도, 마스크를 썼는데도 감염이 됐다는 사례를 마주하며 김범수 역학조사관은 "더이상 우리가 확진자를 조사할 필요도 없는 상황이 올까봐" 공포스럽다고 말했다.[19]

역학조사는 질병의 확산을 막고 예방대책을 세우는 과정이다. 코로나19 같은 호흡기감염병의 경우에는 확진자가 바이러스에 감염된 경로를 밝히고, 확진자와 접촉한 사람들을 찾아내고, 추가 바이러스 전파가 일어나지 않도록 방역망을 치는 조치들이 역학조사에 포함된다. 이때 접촉자란 확진자와 몸이 맞닿은 사람만을 이르지 않는다. 확진자의 비말은 공기 중을 떠다니다가 타인의 입으로, 코로, 심지어 눈으로도 들어간다. 확진자와 마주 보고 대화 한마디 나누지 않았더라도, 에어컨 바람을 통해 멀리서 날아온 공기에 섞인 확진자의 숨을 마셨다면 접촉자가 될 수 있다. 반대로 확진자와 같은 공간에 머물렀더라도 마스크를 잘 착용했다면 접촉자로 판정되지 않을 수도 있다. 그래서 호흡기감염병 역학조사에서 접촉자는 '확진자를 만난 사람'이라기보다는 '확진자와 공기를 교환한 사람'에 가깝다. 감염경로를 찾아내고 바이러스 전파를 막기 위해 역학조사관은 확진자와 주변인들이 얼마나 가까운 거리에서 얼마나 오랜 시간 대화를 했는지, 어떤 공간에서 어느 시간대에 어떤 일을 했는지, 옆사람과의 거리는 얼마나 되었는지 등을 세밀하게 파악해야 한다. 코로나19의 역학조사는 사람 사이의 공기관계를 들여다보는 일이다.[20]

감염병 역학조사는 크게 접촉자 조사와 감염병 조사 두 단계로 나뉜다. 첫째, 확진자가 발생하면 역학조사관은 감염병 유행을 억제하기 위해 접촉자를 찾아 빠르게 격리하고 진단검사를 실시한다. 이를 위해 확진자를 한시간에서 한시간 반가량 면담해서 확진자가 방문한 장소, 만난 사람, 머문 시간, 활동한 내역 등을 알아낸다.[21] 하지만 자신이 어떤 음식을 먹었는지, 시간 단위로 무엇을 했는지 정확히 기억하는 사람이 적고, 때로는 확진자가 거짓말을 할 때도 있다. 그래서 역학조사관은 면담을 통해 얻은 정보를 바탕으로 자동차 내비게이션, 휴대폰 GPS, 카드 사용 내역 등을 교차 확인해야 한다. 최초 증상일 2일 전부터 격리병상에 이송될 때까지의 동선이 파악되면, 역학조사관 팀이 현장 조사를 나간다. 확진자가 방문한 곳에 가서 방명록과 CCTV를 확인하고 접촉자 목록을 작성하는 과정이다. 집단감염이 발생하여 바쁜 시기에는 역학조사관 대신 보건행정관이나 경찰이 가서 정보를 확인하고 역학조사관에게 전송하기도 한다.

둘째, 접촉자를 찾는 동시에 확진자가 감염된 경로를 조사한다.

접촉자 조사가 확진환자와 공기를 교환한 사람들을 파악하는 일이라면, 감염경로 조사는 확진환자가 어떻게 확진에 이르렀는지 따지는 과정이다. 둘다 과거를 거슬러 올라가는 작업이지만 명확한 시작점(확진환자)이 있는 접촉자 조사에 비해 감염경로 조사는 매번 그 범위가 달라진다. 만약 확진 판정이 이루어진 지역이 아닌 곳에서 감염이 시작됐다면 역학조사관은 많은 품을 들여 조사해야 한다. 집단감염이 발생했을 때 면담을 통해 코로나19의 최장 잠복기라고 알려진 최초 증상일 14일 전까지 확진자의 궤적을 거슬러 올라간다. 최초 감염경로를 찾을 수 있다면 그 감염경로를 따라 추가 방역조치를 취할 수 있고, 유행을 완화시킬 수 있다. 코로나19처럼 무증상 감염이 많은 경우에는 감염경로를 찾기가 더욱 어렵지만, 역학조사관은 가능한 모든 수를 써서 감염병의 윤곽을 잡아낸다. 역학조사관에게는 질병을 과학적·역학적으로 분석하는 능력만이 아니라 사람의 특성과 행동을 이해하는 능력도 필요하다. 사람은 평택성모병원 복도를 따라 퍼지던 육불화황 가스보다 훨씬 복잡하고 예측하기 어려운 존재이기 때문이다.[22]

## 동선 그리기

코로나19 시대의 역학조사에서는 도심을 가로질러 다니는 감염자를 병원 복도를 흘러다니는 가스처럼 들여다볼 수 있는 테크놀로지가 등장했다. '코로나19 역학조사 지원시스템'Epidemic

Investigation Support System, EISS이라고 불리는 테크놀로지가 그 위력을 드러낸 것은 2020년 5월 서울 이태원에서 시작된 감염이 막 확산될 때였다. 5월 8일 경기도 용인시에서 발생한 확진자가 5월 2일 이태원 클럽 네곳을 방문했다는 사실이 알려지고 전국으로 흩어진 접촉자 중 40명이 확진되면서 대규모 2차 유행이 올 수 있다는 불안감이 퍼졌다. 5월 9일 박원순 당시 서울시장은 긴급 브리핑을 열어 모든 유흥시설에 대해 집합금지 명령을 내리고, 관련 클럽 출입자들이 모두 검사를 받게 하겠다고 말했다.[23]

이때 방역 당국은 EISS를 이용해서 지표환자index case(특정 집단에서 발병이 처음 확인된 환자)였던 용인시 확진자의 동선을 단 몇 분 만에 파악했다.[24] 이 시스템이 적용되기 이전에는 역학조사관이 직접 확진자의 동선을 분석하고 수기로 개인정보를 관리했다. 일분일초가 바쁜 상황임에도 확진자의 정보를 얻기 위해 카드회사와 통신사에 일일이 전화를 걸어야 했다. 메르스 이후 개정된 '감염병의 예방 및 관리에 관한 법률'(약칭 감염병예방법)에 따라 역학조사관이 각종 정보를 요구할 수 있게 되었지만 민첩하게 확진자의 동선을 파악하기는 어려웠던 것이다. 접촉자 동선 파악에 품이 많이 들면 그만큼 감염병의 확산을 막고 대책을 세울 시간이 부족해진다. EISS는 역학조사관의 행정업무를 줄이기 위해 감염병예방법에 적시된 역학조사 절차를 자동화했다. 덕분에 역학조사관은 만 하루가 걸리던 이동 동선 분석을 10분 내에 끝낼 수

있게 됐다.[25]

EISS가 처음부터 역학조사를 위해 만들어진 시스템은 아니다. EISS의 기원은 국토교통부가 대규모 도시 데이터를 수집·처리하고, 지자체 간에 정보시스템을 효과적으로 교환할 수 있도록 만든 플랫폼 기술이다. 국토교통부는 2020년부터 2021년까지 대구에서 스마트시티 프로젝트 시범사업을 진행할 예정이었다. 그러나 2020년 2월에 대구에서 신천지 교회를 중심으로 대규모 집단감염이 발생하자 시범사업 계획이 취소됐다.[26] 프로젝트 담당자들은 손을 놓고 있는 대신 코로나19 확산을 막는 일에 이 시스템을 활용해보기로 아이디어를 모았고 며칠 만에 시제품을 만들었다. 이미 있는 시스템 위에 구축된 플랫폼이기 때문에 대규모 컴퓨팅에 필요한 자원을 추가로 확보하지 않아도 되고, 정부의 가상사설망Virtual Private Network, VPN을 이용할 수 있어 보안이 된다는 점 덕분에 빠른 개발이 가능했다. 그렇게 국토교통부, 과학기술정보통신부, 질병관리본부의 협업으로 EISS가 탄생했다.

EISS는 거대하고 신속한 정보 전달 시스템이다. 역학조사관이 환자와 면담을 한 후 추가 정보가 필요하다고 판단하면 EISS를 통해 위치정보와 신용카드 내역을 요청한다. 개인정보 요청이 이루어지면 위치정보는 경찰청 승인을 거친 3개 통신사가, 신용카드 내역은 여신금융협회를 경유한 22개 카드사가 질병관리본부에 제공한다(그림 3). 동시에 확진자는 개인정보 제공 내역에 관

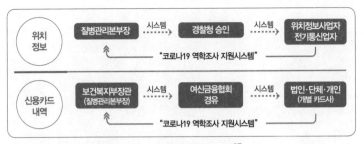

그림 3 코로나19 역학조사 지원시스템(EISS) 운영절차[27]

한 문자를 받는다. 확진자의 정보에 대한 일시적 접근 권한을 얻은 역학조사관은 시스템에 올라온 장소 정보를 토대로 확진자의 14일간의 동선을 확인한다. 이때 장소 데이터 포인트가 한 사람당 1만개 이상 찍힌다. 역학조사관은 각 장소 데이터가 신용카드 사용 내역에서 온 것인지 휴대폰 GPS 정보인지 알 수 있다. 동선을 확인한 역학조사관은 면담을 통해 이를 검증하고 최종 동선을 확정한다. 이 시스템은 감염병예방법에 따라 질병관리본부에서만 사용할 수 있고, 개인정보 보호를 위해 지정된 역학조사관만 정보를 열람하고 분석할 수 있다.[28]

EISS 시스템에서 확진자의 동선은 지도 위 여러 지점을 이은 점선과 날짜별 그래프로 표시된다(그림 4). 회색 직사각형을 클릭하면 그 날짜에 확진자가 움직인 경로가 지도 위에 뜬다. 지도의 사람 모양 아이콘을 클릭하면 확진자가 그 장소에서 얼마나 머물렀는지 알 수 있다. 일부 정보는 지자체의 판단에 따라 재난문

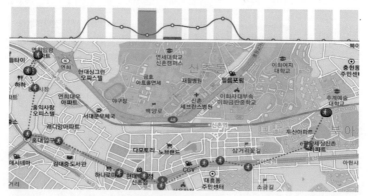

그림 4　EISS 시스템에 나타난 확진자 동선 예시.[29] 역학조사관이 조사가 필요한 지역과 기간을 입력하면 날짜별로 확진자의 정보를 확인할 수 있다. 지도 위의 곡선은 날짜별 정보량을 나타내는 값을 이은 것이다.

자로 전송되거나 홈페이지에 게시된다. 역학조사관은 면담 조사 결과에 따라 EISS 정보를 수정할 수 있고, 확진자 간의 접촉 여부를 확인하고 감염 네트워크를 분석하기 위해 여러명의 동선 정보를 겹쳐볼 수도 있다. 국토교통부는 이 시스템을 통해 추가 감염 확률이 높은 핫스팟을 예측할 수도 있다고 밝혔다. 역학조사관은 감염원이 모호한 미분류 사례가 많아질 때면 이 시스템의 도움을 받아 GPS 분석을 통해 감염원을 유추하기도 한다.[30]

　그러나 EISS로 확진자의 모든 공기관계를 파악할 수 있는 것은 아니다. 우선 확진자가 머문 실내 공간을 파악하는 데 핵심인 CCTV 영상 정보는 개인정보 침해 우려가 커 EISS에 오르지 못한다.[31] 자동차나 KTX에 탔을 때처럼 확진자가 빠르게 움직인 경우에는 동선 추적이 잘 이루어지지 않아 '튕김' 현상이 발생한다. 위치정보의 오차는 수십 미터 정도다. 방방곡곡에 흩어져 있는 역학조사관들이 모두 새 시스템에 익숙한 것은 아니어서, 각 지자체에서 EISS를 활용할 수 있도록 질병관리본부에서 기술지원을 해야 할 때도 있다.[32] 무엇보다 EISS는 확진자의 위치를 이어서 동선을 보여줄 뿐 확진자가 내뱉은 숨이 실내에서 어디로 어떻게 흘러갔는지 보여주지는 않는다. 그래서 중앙방역대책본부 박영준 역학조사팀장의 말처럼 EISS는 확진자의 공기관계를 확인하는 "보조수단"으로 남는다.[33] 확진자와 면담을 해서 자동화된 데이터가 놓친 틈을 찾고, CCTV를 반복해서 돌려 보며 그 틈을 메꾸는 것은 결국 역학조사관이다.

### 진화하는 '접촉자'

역학조사관은 코로나19 확진자와 밀접하게 접촉한 사람을 찾아내어 추가 감염 가능성을 차단하고자 한다. 밀접접촉자를 빠르게 발견해 그에게 연락하고, 그를 확실하게 격리해 검사할수록 바이러스의 확산을 둔화시킬 수 있다. 문제는 확진자와 얼마나 가까운 거리에서 얼마나 오랫동안 어떤 방식으로 접촉한 사람을 밀접접촉자로 분류하느냐 하는 것이다. EISS와 CCTV를 통해 확진자와 접촉한 것으로 파악된 사람들 중 검사와 격리가 필요한 사람을 선별하는 기준을 확정하는 일은 생각처럼 간단하지 않다.

2020년 1월 20일 한국에서 첫 확진자가 나왔을 무렵 코로나19에 대한 지식은 불확실하고 불안정했다. 1번 환자를 치료한 김진용 인천의료원 감염내과 전문의는 1월 중순까지만 해도 코로나바이러스의 사람 간 전파 가능성 문제를 뉴스에서 다룰 정도였다고 지적한다. 그 이후 감염된 사람의 체액(직경 5~10마이크로미터)이 다른 사람의 호흡기로 들어가는 비말감염의 가능성을 전문가들이 제시했다. 중앙방역대책본부는 2월 20일에 발간한 『코로나바이러스감염증-19 대응지침』(약칭 『대응지침』) 제6판부터 코로나19의 전파 경로를 접촉감염과 비말감염으로 나누었다.[34]

2020년 여름 무렵에는 코로나19의 공기감염airborne transmission 또한 가능하다는 의견이 강하게 등장했다.[35] 공기감염은 수분이 증발한 비말핵droplet nuclei이 에어로졸 형태로 공기 중을 떠돌면서 사람들을 감염시키는 것을 말한다(그림 5). 에어로졸이 수미터까지 이동할 수 있으므로 확진자와 가까이 있지 않았더라도 밀폐된 공간에 함께 있었던 사람은 감염될 수 있다는 가설이다. 이에 대해 세계보건기구WHO는 공기감염이 확실히 입증된 것은 아니지만 그 가능성을 배제할 수는 없다고 보수적으로 응답했다.[36] 그러나 환기가 잘 되지 않는 실내 환경 혹은 확진자와 가까운 거리에서 30분 이상 머무른 사람은 공기감염이 가능하다는 연구 결과가 누적되면서, 2020년 10월 이후 미국 질병통제예방센터에서는 열악한 실내 환경 내 공기감염의 가능성을 인정하고 있다.[37] 한국은

『대응지침』 제9-2판에서 "의료기관에서 시행되는 에어로졸 생성 시술 및 환기 조건이 열악한 실내 밀집 환경에서 장시간 노출 시 공기전파 가능성"이 있다고 보고 이를 기준으로 역학조사를 실시하고 있다.[38] 역학조사관은 현장을 검토하고 자신의 판단에 따라 공기감염에 준하여 격리 대상자를 분류하고 방역조치를 취할 수 있다.

코로나19 유행 초기에는 증상이 없는 상태에서 바이러스 전

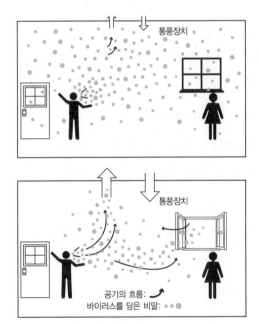

그림 5　밀폐된 공간에서의 공기감염의 가능성. 위 그림은 밀폐된 실내 환경에서 이루어지는 바이러스가 담긴 미세비말의 이동을, 아래는 환기가 적절히 되고 있는 실내 환경에서 이루어지는 미세비말의 이동을 나타낸다. 위 그림의 미세비말 농도가 아래 그림보다 높다.[39]

파가 가능한지도 확실하지 않았다. 질병관리본부 의료감염관리과 이형민 과장에 따르면 2020년 1월 25일에 3번 확진자가 나왔을 때만 해도 전파 가능 시점에 대한 전문가들의 합의가 없어 접촉자 조사 범위를 정하기가 어려웠다. 초기에는 사스나 메르스와 전파 양상이 같을 것이라 가정하고 확진자가 증상을 나타낸 시점부터 접촉한 사람을 조사했지만, 증상 발현 전에도 바이러스 전파가 일어난다는 데이터가 수집되면서 점차 조사 범위를 넓혀갔다. 『대응지침』에 따르면 2월 7일부터는 확진자의 증상 발생 하루 전부터 격리일까지 접촉한 사람을(제5판), 4월 2일부터는 증상 발생 이틀 전부터 격리일까지 접촉한 사람을 접촉자로 보고 있다(제7-4판).[40]

감염병 감시·대응·관리가 필요한 대상을 규정하는 『대응지침』의 사례 정의도 점점 확대됐다. 코로나19에 대한 정보가 많지 않던 2020년 초에는 1월 말부터 3월 초까지 약 2주 간격으로 데이터가 쌓일 때마다 사례 정의가 확대됐다. 질병관리본부는 초반에는 후베이성에 방문했던 사람이나 발열 또는 호흡기 증상이 있는 사람을 조사하도록 했지만(제4판), 중국 전역에 코로나19가 확산되면서 조사 대상을 중국에서 입국한 사람으로 넓혔다(제5판). 대구에서 대규모 집단감염이 발생한 후에는 중국을 방문한 사람뿐만 아니라 "국내 집단 발생과 역학적 연관성"이 있는 사람을 사례 정의에 추가했다(제7판).[41] 3월 6일에 발간된 『대응지침』 제7-1판에서는 기존에 사용하던 '원인 미상 폐렴' 등의 모호한 표현 대신 "발열, 권태감, 기침, 호흡곤란 및 폐렴, 급성호흡곤란증후군 등" 코로나19 주요 임상증상을 구체적으로 나열하여 사례를 정의할 수 있게 되었다. 확진자 사례를 통해 역학적 정보를 꾸준히 쌓아온 덕분이었다.

이처럼 지식과 기준이 계속 업데이트되는 상황에서 실시되는 역학조사는 마치 "정답이 없는 게임"과 같다.[42] 역학조사관은 바이러스 전파에 관한 완벽한 과학적 합의가 이루어질 때까지 기다릴 수가 없다. 새로운 가설이 계속 제시되고 있더라도, 역학적 정보가 확실치 않더라도, 오늘의 확진자를 마주한 역학조사관은 오늘의 정보와 지식을 바탕으로 확진자의 공기관계를 판단해야 한다. 어제까지의 경험과 국제 과학계의 실시간 업데이트 내용을 종합하여 가까운 미래의 역학조사 계획을 세워야 한다.

가장 중요한 단서는 확진자가 가지고 있다. 역학조사관은 확진자가 집에서 언제 나와 어떤 이동수단으로 어디에 갔는지, 마스크를 착용했는지, 코까지 덮었는지 아니면 턱에 걸쳤는지 자세히 물어본다. 또 이동수단에 동승한 사람이 있는지, 동승자는 마스크를 착용했는지, 대화는 얼마나 했는지를 시간 단위로 조사한다. 지하철을 이용했다면 본인의 진술과 CCTV 기록을 바탕으로 동선을 밝혀낸다. 좌석번호가 있는 고속버스나 기차와 달리 지하철은 교통카드 내역에 개찰구 정보만 표시되기 때문이다. 면담에서 확진자가 편의점에 방문했다고 말하면 신용카드 사용 여부를 확인한다. 신용카드 승인 내역에 찍힌 시간을 기준으로 CCTV를 역순으로 돌려보며 확진자가 편의점에 들어오고, 물건을 고르고, 계산하는 모습을 살핀다. 편의점에 다른 손님이 있었다면 그가 마스크를 썼는지, 확진자와 얼마나 가깝게 있었는지 확인한다. 편의점 직원이 마스크나 장갑을 꼈는지도 봐야 한다. 확진자가 현금을 써서 정확한 결제 시간을 알 수 없다면 전후 두세시간 분량의 GPS와 CCTV를 확인한다. 그래도 CCTV에 확진자가 보이지 않으면 앞뒤로 한시간씩 늘리면서 화면에 확진자가 나타날 때까지 본다.[43]

이렇게 빠른 시간 내로 정보를 공유하고, 축적하고, 조사할 수 있게 된 배경에는 2015년 메르스 방역 실패라는 아픈 과거가 있다. 당시 지표환자는 적절한 진단을 받지 못하고 이 병원 저 병원을 떠돌다가 삼성서울병원에서 메르스 확진 판정을 받았는데, 이 과정에서 감염된 2차 환자가 30명, 다시 그들로부터 감염된 3차 환자가 94명에 이르렀다.[44] 2015년 7월 6일 한국정부는 '감염병의 예방 및 관리에 관한 법률'을 개정하여 역학조사를 위한 정보를 모을 수 있도록 정부 부처 및 지방자치단체에 힘을 실어주고, 그 정보를 빠르게 공유할 수 있도록 체계를 바꾸었다. 감염병 발생 시 국가가 나서서 방대한 역학조사 데이터를 모은다면 적절한 방역대책을 세울 수 있으리라는 기대였다.[45]

프라이버시 침해로 문제가 되고 있는 조항들이 그때 생겼다. "보건복지부 장관은 국민의 건강에 위해가 되는 감염병 확산 시 감염병 환자의 이동경로, 이동수단, 진료의료기관 및 접촉자 현황 등 국민들이 감염병 예방을 위하여 알아야 하는 정보를 신속히 공개하여야 한다."[46] 사생활 감시에 대한 논란은 감염병 확산 방지라는 대의 아래 당분간 뒤로 밀려나게 됐다. 정보공개 동의 절차를 강화하고, 국가기관이 아닌 다른 사람이 식별할 수 없는 방식으로 데이터를 수집하고, 추가 전파를 막기 위해 꼭 필요한 정보만 공개한다고 해도, 환자는 어디까지 자신의 정보를 공개할지 결정할 수 없고 '확진자'라는 낙인을 쉽게 벗지 못한다. 그렇기에 각기 다른 삶을 영위하는 한명의 개인이자 공공을 위한 역학조사 데이터를 지닌 확진자를 마주하는 역학조사관의 마음 또한 복잡해질 수밖에 없다. 확진자가 치솟는 감염병 시대에 그들이 할 수 있는 최선이란 확진 안내를 받고 당황한 확진자를 안심시키고, 진실한 대화로 신뢰를 쌓고, 그와 소통하면서 기억을 함께 더듬어 공기관계를 파악하는 것뿐이기 때문이다.[47]

## 콜센터의 공기인류학

역학조사관은 접촉자를 찾아 밖으로 나가기도 하지만 실내로 점점 들어가기도 한다. 특히 밀폐된 공간에서 집단감염이 발생할 경우 공간을 공유하는 사람들이 어떤 공기관계에 놓여 있는지 파악해야 감염경로를 찾아낼 수 있다. 2020년 3월 8일 서울 노원구 9번 확진자를 조사하던 역학조사관은 이 사람이 구로구에 있는 콜센터에서 일한다는 사실을 확인했다. 확진자의 동선이 노원구(서울시 북동쪽)부터 구로구(서울시 남서쪽)까지 서울시를 대각선으로 가로질렀다. 같은 콜센터 직원들의 주소지는 서울을 넘어 경기, 인천까지 걸쳐 있었다. 수도권 대형 집단감염이 우려되는 상황이었다. 엎친 데 덮친 격으로 콜센터는 19층짜리 주상복합건물 7, 8, 9, 11층에 자리하고 있어 다른 상가 직원과 거주자까지 감염 위험에 노출되어 있었다. 질병관리본부는 다음 날인 3월 9일 서울시, 인천시, 경기도와 함께 합동 역학조사팀을 꾸려 2월 21일부터 3월 8일까지 구로구 콜센터가 있는 건물에 머무른 바 있는 사람들을 파악했다. 상가 건물에서 일하는 사람이 922명, 상층에 거주하는 사람이 203명, 방문자가 20명이었다. 콜센터 직원은 811명이었고 층간 이동은 거의 없었다. 합동조사팀이 꾸려진 후 4일 동안 거주자 2명을 빼고 모든 사람이 코로나19 검사를 받았다. 합동조사팀은 휴대폰 위치를 추적해 콜센터 건물 근처에 5분 이상 머무른 사람들에게 가까운 선별진료소를 방문하라고 연락했다. 합동조사팀이 보낸 문자메시지는 모두 1만 6628개였다.[48]

긴급한 상황이 정리된 후 합동조사팀이 발표한 다섯 페이지짜리 짧은 논문을 통해 우리는 콜센터 직원들의 일과 삶의 조건에 대해 많은 것을 알게 되었다. 가장 놀라운 사실은 확진자 97명 중

94명이 콜센터 11층에서 근무하고 있었다는 점이다. 최초 확진자도 11층 근무자였다. 전체 건물로 보면 집단감염 비율이 8.5퍼센트이지만 11층으로 한정할 경우 43.5퍼센트로 급증한다. 나머지 확진자 3명은 9층 콜센터(1명)와 10층 사무실(2명)에서 근무하고 있었다. 거주자 중에는 확진자가 없었다는 사실에서 상가층과 주거층 사이에 이동과 교류가 활발하지 않음을 알 수 있었다. 확진자 대부분은 콜센터에서 일하는 여성이었다.

합동조사팀이 대면 조사와 현장 조사를 통해 파악한 11층 확진자들의 근무 환경은 건조하지만 강렬한 그림의 형태로 논문에 실렸다(그림 6). 그림에 파란색으로 표시된 확진자의 자리는 11층 한쪽에 몰려 있다. 확진자가 11층 전체에 분포되지 않고 일부 공간에 집중된 것을 어떻게 설명할 수 있을까? 11층에서 바이러스와 공기는 어떻게 움직인 것일까? 합동조사팀은 콜센터의 근무 공간이 밀접·밀집·밀폐(3밀) 환경이었다는 점에 주목했다. 콜센터 노동자들은 길게 이어진 한 테이블에 13명씩 다닥다닥 붙어 앉아 콜을 받았다. 코로나19 발생 이전에 구로구 콜센터를 연구한 인류학자 김관욱에 따르면, 콜센터는 업무량을 늘리기 위해 상담사들의 업무 외 시간 사용을 극도로 통제한다. 담배 피우는 시간을 4분 이상 주지 않고, 화장실에 다녀오는 시간도 오전 오후 합쳐 채 30분이 안 되도록 하는 식이다. 초 단위로 감시받는 콜센터 노동자는 다른 이들과 오랜 시간 같은 공간에서 호흡하며 지낼 수밖에 없고, 이 중 한명이라도 바이러스에 감염되면 모두가 집단감염 위험에 직면하게 된다. 쉬는 시간이 충분하지 않으니 엘리베이터를 타고 다른 층으로 이동하는 일도 별로 없었을 것이다. 당시 조사에 참여한 오범조 역학조사관에 따르면 이 건물은 공조 시스템이 잘 작동하지 않았기 때문에 바이러스를 품은 공기

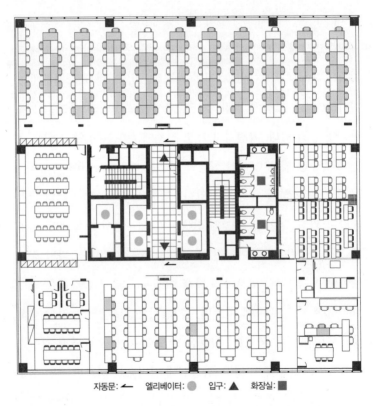

그림 6 구로구 콜센터 11층 좌석 배치도. 파란색으로 표시된 좌석이 확진자의 자리다.[49]

가 에어컨을 통해 다른 층으로 퍼질 가능성도 적었다.[50]

결국 열악한 3밀 환경에서 일하고 있던 콜센터 여성 노동자들이 코로나바이러스에 속수무책으로 노출될 수밖에 없었다. 합동조사팀 논문은 이렇게 서술한다. "COVID-19의 확산은 거의 전적으로 11층에 국한되었는데, 이는 사람 간 상호작용(혹은 접촉)이 지속되는 시간이 바이러스가 더 멀리 퍼지도록 촉진할 수 있음을 나타낸다."[51] 이 건조한 문장의 의미는 오랜 시간 자리를 뜨지 못하고 옆사람과 숨을 섞고 있는 콜센터 노동자를 떠올릴 때 비로소 제대로 이해할 수 있다. 논문 속 콜센터 그림은 책상과 의자를 표시할 뿐 사람은 보여주지 않지만, 논문을 읽는 사람들은 바이러스의 전파가 노동자 사이의 강요된 공기관계의 결과라는 사실을 알아차릴 수 있을 것이다. 합동조사팀의 조사와 논문이 보여주듯이, 코로나19 감염병 바이러스를 추적하는 것은 곧 사람의 행동과 관계를 관찰하는 일이다. 바이러스를 따라다니는 역학조사를 통해서 우리는 그동안 몰랐던 삶과 노동에 대해서도 배우게 된다.

그러므로 역학조사는 위험한 공기를 뱉는 범죄자를 찾아내는 수사가 아니라 삶의 현장을 관찰하고 기록해서 질문을 던지는 인류학에 가깝다. 이름을 붙이자면 '공기인류학'이다. 감염병이 오직 수사의 대상이라면 우리는 콜센터 안에서 '슈퍼전파자'를 찾아내고 격리자와 추가 확진자 숫자를 확인하는 일에 집중할 것이다. 수사관에게 콜센터 직원들이 왜 코로나바이러스가 섞인 공기를 같이 호흡하게 됐는지는 중요하지 않다. 그러나 역학조사의 더 큰 기여는 감염된 사람들이 들려주는 이야기를 통해 바이러스의 확산을 유발하는 공기관계의 실체를 파악하는 데 있다. 역학조사관은 바이러스와 사람과 공기를 따라다니면서 그 얽힘의 원인을 진단하는 공기인류학자다. 확진자들은 비록 보도자료와 논문에는 그 번호로 등장할 뿐이지만, 그들이 구체적으로 어떤 공기 속에서 일하며 살다가 감염의 위험에 노출되는지 알아내는 것이 공기인류학자의 일이다. 2020년 초부터 숨가쁘게 진행된 공기인류학 현장 연구는 바이러스의 전파를 막기 위해 우리에게 필요한 것이 치료제와 백신만이 아니라는 사실을 일깨워주었다. 한국사회의 공기관계를 이해하고 조정하는 일이 새로운 과제로 등장했다.


## 헤쳐 모여
### 코로나19의 공기지리학


"역설적이지만 코로나19 시대에 연대하는 방법은 모두가 흩어지는 것이며, 사람 간 거리를 두는 것입니다." 2020년 8월 30일 정례브리핑에서 정은경 중앙방역대책본부장이 말했다. 코로나19는 마치 사회 전체에 '헤쳐 모여'라는 명령이 내려진 것 같은 상황을 만들었다. 큰 충격으로 모두 일시에 흩어지긴 했지만, 언제 어떻게 다시 모일 수 있는지 아는 사람도 없었고 그럴 수 있다는 기약도 없었다. 코로나19 확진자 숫자가 폭발적으로 증가하던 시기에는 사람들이 공기를 공유하는 모든 시설의 문을 걸어잠그는 것이 가장 효과적인 해결책이었다. 공동 호흡이 일어나는 공간을 폐쇄하지 않는 것은 공동체에 해를 가하는 일로 여겨지기도 했다. 하지만 팬데믹이 장기화되면서 공동 호흡 공간의 부재는 감염병에 버금가는 피해를 불러오기도 했다. 학생들이 등교를 멈추고 집에서 원격으로 수업을 하게 되면서 어린 자녀가 있는 가정에는 육아 위기가 닥쳤다. 도서관과 카페가 문을 닫자 학생들은 공부할 공간을 찾아 헤맸다. 미술관과 공연장이 줄줄이 폐쇄되면서 공연예술업계는 생존 자체를 고민해야 했다.

그러나 사회 전체를 영원히 걸어잠글 것이 아니라면, 학교라는 제도를 포기하거나 예술 없이 살기로 결심할 것이 아니라면, 우리는 어떤 공기관계를 새롭게 설정해야 한다. 코로나19의 공기위기 속에서 완전한 연결도 완전한 격리도 아닌, 적당한 거리를 사이에 둔 느슨한 연결을 만들어내는 것이 호흡공동체의 책무로 떠올랐다. 공기위기를 버티게 해주는 느슨한 연결은 추상적 원칙의 선언만으로는 생겨나지 않는다. 새로운 공기관계는 치밀한 계획, 배치, 실행을 통해서만 구현될 수 있다. 공동 공간에서 방역대책에 따라 거리를 확보하는 일, 시간적·공간적으로 집중된 업무를 다시 설계해서 분산시키는 일, 방역물품을 충분히 공급해서 안전을 확보하는 일 등이 주요한 과제가 되었다. 이렇게 사람 사이의 거리와 관계를 다시 설계하고, 이를 위해 필요한 물자와 테크놀로지를 적재적소에 배치하고, 이를 뒷받침하는 새로운 규범과 합의를 만들어내어 제한적이나마 호흡공동체를 유지하려는 시도를 우리는 '공기지리학'이라고 부를 수 있다.

## 학교에 다시 모이기

2020년 4월 16일 세월호 참사 6주기 기억식이 안산 화랑유원지에서 열렸다. 현장에 온 사람들은 '사회적 거리두기' 정책에 따라 일정한 간격을 두고 배치된 의자에 앉았다. 이날 기억식에 참석한 유은혜 부총리 겸 교육부 장관은 추도문을 통해 "지난 6년은 변화와 성숙의 시간"이었고 "세월호라는 깊은 아픔 속에서 (⋯) 정부는 국민의 생명을 보호하고 책임질 수 있어야 한다는 원칙이 우리 사회 곳곳에 자리잡"았다고 말했다. 또한 "그날의 위험과 상처로 돌아가지 않겠다는 우리들의 굳은 의지가 우리 사회의 새로운 시스템을 만들어"가고 있다면서, 정부가 6년 전과는 다른 체계 하에 코로나19 위기에 적극적으로 대응하고 있음을 강조했다. 국가는 2014년 세월호의 침몰을 막거나 그곳에 모인 사람들을 구하는 데 실패했고, 2015년 메르스라는 감염병 위기에 신속하게 대응하는 데도 실패했다. 2020년 코로나19라는 또다른 재난이 한국사회를 멈추어버렸을 때, 정부는 강력한 방역을 통해 국민의 생명을 지키면서도 어떻게든 공동체의 일상을 유지할 방법을 고민하고 있었다.

기억식이 끝나갈 무렵, 초대가수 루시드폴이 2015년 발표곡 「아직, 있다」를 불렀다. '영원의 날개'를 달고 노란 나비가 된 화자가 남은 친구들을 위로하는 내용이었다.

> 친구들은 지금쯤 어디에 있을까. 축 처진 어깨를 하고 교실에 있을까 (…)
>
> 다시 봄이 오기 전 약속 하나만 해주겠니. 친구야, 무너지지 말고 살아내주렴.[52]

세월호 참사 6주기 기억식이 안산에서 열리고 유튜브로 생중계된 그날, 전국 곳곳의 텅 빈 교실에서는 선생님들이 홀로 새 학년을 맞이했다. 많은 학교에서 사전에 녹화한 개학식 영상을 재생하는 것으로 학사 일정을 시작했다. 평소였다면 학생과 선생님이 한 공간에 모여 입을 모아 교가를 불렀겠지만, 각자 컴퓨터에서 재생되는 개학식 영상에 맞춰 교가를 부르다보니 돌림노래가 되어버린 해프닝도 있었다. 넓은 강당에서 진행되던 입학식 행사도 생략되었다. 입학생은 학교의 새로운 구성원이 되었지만, 학교로 등교하기 전까지는 담임선생님은 물론 같은 반 친구들과도 느

그림 7  온라인 화상 학급의 모습

슨해서 어색한 관계를 유지할 수밖에 없었다.[53]

3월 2일 개학 일정이 45일 미루어지는 동안 선생님과 학생들은 인터넷 연결망을 매개로 만날 채비를 했다. 선생님과 다른 친구들의 모니터 화면에 자신의 얼굴을 비추고 목소리를 전하기 위해 학생들은 개학 전부터 집에 컴퓨터, 카메라, 마이크를 준비해두었다. 어떤 선생님은 학생들이 익숙한 집안에서 수업을 듣다가 집중력이 저하될 것을 우려해 이들의 흥미를 유발할 수 있는 외부 학습 콘텐츠를 준비했다. 비대면 수업이 지속되기 위해서는 온라인상에서 '관계' 만들기가 선행해야 한다고 판단한 다른 선생님은 개학 전부터 온라인 화상 학급을 열고, 온라인 가정방문을 통해 학부모와 소통했다. 현장 교육에 익숙한 선생님들은 오랫동안 교실 문이 열리지 않고 선생님과 학생이 만나지 못할 때 교육의 어떤 부분에 공백이 생길지 미리 내다보고 이에 부지런히 대비해야 했다.[54]

온라인 플랫폼에서 운영되는 비대면 교실은 학교 현장의 모든 일상을 담아낼 수 없다. 쉬는 시간에 아이들끼리 모여 웃고 떠드는 소리가 들리지 않았다. 동급생끼리 서로의 기분을 맞춰가며 대화할 수가 없어 우애를 다지는 것이 쉽지 않았다. 온라인 환경에서 교실 공간을 교실답게 만드는 공기의 분위기를 느끼기는 어려웠다. 물론 온라인 플랫폼이 제공하는 다양한 기능 덕분에 비대면 수업은 효율적인 지식 전달의 장이 되었다. 하지만 학교 교육은 학생에게 교과서 지식을 전달하는 것에 국한되지 않는다. 학교는 학생들에게 한 사회의 구성원으로서의 감각을 키워주는 기관이다. 이 감각은 학생들이 다른 사람과 같은 공간에 모여 부대끼고 서로 공기의 분위기를 읽어갈 때 만들어진다. 비대면 수업이 학교 생활을 완전히 대체하는 게 불가능한 이유다.

2020년 5월 20일 고등학교 3학년 학생들부터 공기감염의 위험을 감수하고 학교에 모이기 시작했다. 수백 명이 모이는 학교 공간을 안전하게 유지하기 위해 격리 공간, 열화상 카메라, 사람 간 거리두기 등 다양한 방책과 기술이 동원되었다. 대부분의 학교에서 수업 책상을 1미터 간격으로 떨어뜨려놓는 '책상 거리두기'를 했고, 책상에 비말 차단용 아크릴 칸막이를 설치해 개인의 공기

그림 8  양정중학교의 학교급식 지정좌석제

공간을 구획지었다. 학년마다 격일로 1주일에 두번 학교에 나오도록 하고, 등교시간을 10분 간격으로 구분하는 등 학생들이 안전하게 숨쉴 수 있는 공간을 확보하기 위해 시간표를 조정하는 학교도 있었다. 학생과 교사를 어떻게든 하나의 공간에 모이게 해서 학교 생활을 정상화하려는 노력이었다.

학교에서 공기관계를 관리하기가 가장 어려운 장소는 전교생이 모여 식사를 하는 급식실이었다. 코로나19라는 특수한 상황 이전부터 선생님들은 늘 긴장하면서 급식 지도를 해왔다. 오전 수업으로 허기진 학생들이 점심시간을 알리는 종소리가 울리자마자 먼저 급식을 받기 위한 경주를 하기 때문이다. 또 오전 수업과 오후 수업 사이에 학생들이 편하게 숨을 돌리는 점심시간에는 사고가 유난히 많다. 학생들이 함께 뒹굴며 식사를 하다가 바이러스가 확산될 수 있는 코로나19 상황에서 학교가 급식실을 안전하게 운영하기 위해서는 학생들을 철저하게 관리할 수 있는 특단의 조치가 필요했다.

서울 양정중학교는 '학교급식 지정좌석제'를 시행했다. 학생들은 급식실 안에서 이동할 때 정해진 동선을 따라 걸어야 했고, 각 반과 번호에 따라 식사 자리가 정해졌다. 함께 앉은 친구들끼리 떠드는 소리 대신 새로운 소리가 급식실을 채웠다. 학생들이 자리에 앉으며 의자를 끄는 소리, 식판에 수저가 부딪히는 소리, 그리고 학생들이 지침을 따르도록 지도하는 선생님의 목소리가 적막한 공간에 어색하고 요란하게 울려퍼졌다. 급식 지도 선생님이 손에 든 파일철에는 무지개 색으로 학생들의 반을 구분한 급식 자리 배치표가 꽂혀 있었다.[55] 선생님은 학교에서 지정좌석제를 실시하면서 학생들이 식사 자리를 잡기 위해 우왕좌왕하는 일도 줄어들고, 확진자와 접촉한 위험군 파악도 용이해졌다고 설명했다.[56] 이처럼 학교에 의해 수백명의 자리가 일일이 정해지고 이동 시간과 동선이 조율되는 번거로움을 무릅쓰고 학생들은 학교 공간에 모이고 있었다. 세월호 기억식 추도문의 표현을 빌리자면, 한 공간에 안전하게 모이고자 하는 "굳은 의지"가 학교 내 "새로운 시스템을 만들어"가고 있었다.

학생의 안전한 호흡 공간을 확보하는 과정에서 학교가 마주하게 된 또다른 고비는 유난히 일찍 찾아온 더위였다. 학사 일정이 지연되면서 무더운 7월과 8월에도 학생들이 등교해야 하는 것 역시 문제였다. 교실의 공기를 쾌적하게 유지하기 위해 냉방과 순환 설비가 중요해짐에 따라, 교육부 관계자들은 구체적인 공기관리 설비 가동 방안을 고민했다. 교실 등교 2주 전인 5월 7일, 교육부는 학교 방역 지침을 발표했다. 창문을 3분의 1 이상 열고 에어컨을 가동하도록 하되, 공기청정기는 가동을 금지하는 내용이었다. 특히 공기가 오염된 채로 냉각되어 교실 공간을 순환하면 바이러스가 빠르게 퍼질 수 있다는 우려를 반영하여, 에어컨을 가동하더라도 늘 환기를 하도록 지시했다. 하지만 학교에서 창문을 열어 환기를 하면서 동시에 냉방기를 가동할 경우 전력 소모가 커져 나라 전체의 전력 수급에 차질이 생길 것이라는 의견도 나왔다. 교육부는 생활방역위원회와 협의한 후 5월 27일 발표한 개정 지침에서 "환기가 가능한 시설은 창문을 닫고 에어컨을 사용하되 쉬는 시간마다 환기"하도록 했다.[57]

공기순환 지침이 확립된 다음에는 개인의 들숨과 날숨을 직접 걸러주는 마스크가 새로운 문제로 부상했다. 5월 27일에 발표한 개정 지침에서 정부는 모든 학생이 교실이나 복도 등 실내 공간에서 마스크를 착용하는 것이 원칙이라고 규정했다.[58] 하지만 6교시 수업이 끝날 쯤에는 교사와 학생 모두 쓰고 있던 마스크가 땀에 젖어 효용을 잃었다. 어떤 선생님은 마스크를 착용하고 수업을 하던 중에 호흡곤란을 겪기도 했다. 교실 내 학업 분위기를 좌우하는 소리 전달이 제대로 이루어지지 않는 경우도 있었다. 마스크에 가로막힌 선생님의 목소리는 멀리 있는 학생에게는 잘 닿지 않았고, 마스크로 입이 보이지 않아 학생들이 선생님의 입 모양을 읽는 것도 불가능했다. 교사와 학생 모두 마스크를 쓴 채 새로운 감각을 익혀가며 수업을 했다.[59]

바이러스 확산이라는 위협이 도사리는 교실의 공기를 완벽하게 다스리는 것은 불가능하다. 그럼에도 불구하고 교육 당국이 학생들을 한 공간에 모으는 번거로운 방식을 고안한 것은 호흡공동체가 되어야만 이루어질 수 있는 교육이 있다고 판단했기 때문이다. 전례가 없는 상황을 맞은 교사들은 현장에서 호흡공동체를 유지하기 위한 새로운 지식을 생산하고 대안을 모색했다. 확진자가 두자리 수로 유지되면 교육 당국은 조심스럽게 학교 내 '사회적 거리두기'를 완화하였고, 지역 감염이 다시 확산되면 많은 학교가 일시적으로 학생들의 등교를 제한하며 유연하게 대처해나갔다. 학교의 구성원들은 감염병 위기 속에서 그들의 공기관계를 재편하기 위해 학교의 공간 배치를 바꾸고, 새로운 규칙을 만들며, 불편과 위험을 감수해야 했다. 그러면서 학교는 과거와 다른 방식으로 작동하는 호흡공동체가 되어갔다.

## 공연장에 다시 모이기

코로나19 유행이 시작된 후 관객을 모아놓고 공기를 내뱉어 노래를 부르거나 악기를 연주하는 일은 위험한 행위가 되었다. 특히 많은 연주자가 한데 모여 음악을 만드는 오케스트라의 경우

연주자와 관객 사이의 안전은 물론 연주자 간의 감염 위험도 신경쓰지 않을 수 없었다. 한국을 대표하는 오케스트라 중 하나인 서울시립교향악단도 2020년 2월 코로나19의 확산이 심각해지자 정기 공연을 취소했다. 2020년 1월에 서울시향에 새로 부임한 오스모 벤스케Osmo Vänskä 음악감독은 취임과 동시에 대부분의 공연이 취소되는 난처한 상황을 만났다. 공기를 작은 단위로 구획해서 통제하려는 정부의 방역정책하에서 공기를 함께 울리는 교향악이라는 음악을 어떻게 만들 수 있을 것인가에 대한 고민이 깊어졌다.

2020년 5월 29일 서울시향이 개최한 온라인 콘서트에서는 분열된 공기환경에서 음악을 만들어내기 위한 고민이 드러났다. 이날 서울시향은 국내 오케스트라 최초로 '무대 위 거리두기' 정책을 시행했다. 연주자들끼리 가까이 붙어 앉아 음악을 연주하는 것이 위험해진 상황에서 어떻게든 안전을 확보하면서 음악을 연주할 수 있는 방식을 제시한 것이다. 서울시향은 독일오케스트라연합이 권고한 가이드라인을 대체로 준용했다. 현악기 연주자들은 서로 최소 1.5미터 거리를 두어 떨어져 앉는 것을 원칙으로 했다. 현악기 연주자 사이에 0.9미터 간격이 적당하다고 결론지은 토오쿄오도교향악단Tokyo Metropolitan Symphony Orchestra의 기준보다는 멀고, 2미터 이상의 간격을 권고한 영국 정부의 가이드라인보다는 가까운 거리두기였다.[60] 보면대도 평소에는 두세명이 공유해서 악보를 올려놓았으나 한명이 하나를 사용하는 것으로 변경했다. 악기에 공기를 불어넣어 소리를 내는 관악 연주자들은 혹시 튈지 모르는 비말을 차단하기 위해 주위에 투명방음판을 둘러쳤다. 소리를 섞어서 하나로 만들어내야 하는 오케스트라가 소리를 막는 방음판으로 스스로를 구획짓는 것은 역설적인 일이었다. 하지만 이는 함께 음악을 하기 위해서라면 피할 수 없는 조치이기도 했다. "우리는 코로나바이러스에 신중하게 대처하는 동시에 여전히 음악을 연주하고자 합니다." 핀란드에서 입국하여 2주 자가격리를 거친 오스모 벤스케 음악감독의 말에서는 공기를 섞어 음악을 만드는 일을 쉽게 포기하지 않겠다는 강한 의지가 느껴졌다. 또 그는 "연주자의 안전을 최우선으로 고려하고, 주어진 상황에서 최선의 음악을 이끌어내는 것이 내가 할 일"이라고 밝혔다. 1.5미터의 거리와 방음판은 방역을 충실히 수행하면서도 음악의 가치를 지켜내기 위한 치열한 협상의 결과물이었다.[61]

연주자 사이의 거리가 늘어나면서 무대 위 연주자의 숫자는 줄어들 수밖에 없었다. 한번에 1백명이 넘는 인원이 무대에 오르기도 했던 서울시향도 평소의 절반 정도 인원으로 음악을 만들어내야 하는 난감한 상황에 놓였다. 그동안 서울시향 팬들이 사랑하던 대편성 협주곡이나 비말이 튈 수 있는 성악이 포함된 곡은 프로그램에서 제외할 수밖에 없었다. 오스모 벤스케 감독은 악기 수가 적은 교향곡이나 실내악으로 관심을 돌렸다. 서울시향은

5월 29일 공연에서 편성이 큰 엘가의 「수수께끼 변주곡」 대신 모차르트 교향곡 39번을 연주했다. 6월 18일 공연에 예정했던 브람스와 쌩쌍스의 곡 역시 말러의 교향곡 4번을 실내악으로 편곡한 것으로 대체했다. 평소 50명 이상의 관현악단이 동원되는 말러의 4번 교향곡은 이날 띄엄띄엄 앉은 단원 15명이 연주하는 방식으로 무대에 올랐다. 모든 단원이 한꺼번에 연주하는 '총주'tutti가 하나도 없이 작은 집단들이 번갈아가며 연주하는 스트라빈스키의 곡들은 소집단별 연습이 가능해서 코로나 시대에 맞는 "고마운 작품"으로 꼽히기도 했다.[62]

평소보다 멀리 떨어져 앉은 연주자들이 오케스트라로 하나의 소리를 만드는 일은 훨씬 어려워졌다. 서울시향의 플루트 단원 송연화는 잡지 인터뷰에서 무대 위 거리두기 때문에 "다른 악기의 소리가 잘 들리지 않거나 멀리 있는 악기가 실제 소리를 낸 시점보다 늦게 들릴 때가 있어서, 타이밍을 잘 맞춰 동시에 소리를 내야 하는 것이 어렵"다고 말했다. 안전을 위해 교향곡 대신 선택한 실내악 공연도 평소와 달리 엉성하고 빈 느낌을 주기도 했다. 서울시향의 7월 12일 공연을 관람한 음악 칼럼니스트 황진규는 연주자들 사이의 멀어진 거리 때문에 '친밀함'이 사라진 것 같다며 아쉬움을 표했다. 소수의 연주자가 가까운 거리에서 호흡하며 감정을 교류하는 실내악은 친밀함을 극도로 끌어올릴 수 있는 장르이지만, 멀어진 거리와 얼굴을 덮는 마스크 때문에 그런

장점이 살기 힘들었다. 무대에서 사라진 친밀함은 "우리가 감내해야만 할 코로나 시대의 잔인한 역설 중 하나"로 꼽혔다. 친밀함의 상실은 아쉬운 일이지만 절대로 극복할 수 없는 간극은 아니었다. 6월 5일 온라인 공연에서 해설에 나선 부지휘자 데이비드 이David Yi는 거리가 늘어나서 연주가 어려울까 걱정하기도 했지만 "오랜 시간 호흡을 맞춰온 오케스트라이다보니까 어려움에 빠르게 적응할 수 있었다"고 말했다. 서울시향이 하나의 호흡공동체라는 사실을 상기시키는 말이었다. 그동안 함께 호흡하며 소리를 조율해온 오케스트라는 처음 겪는 공기위기에도 기민하게 대응하고 있었다.[63]

2020년 7월 코로나19가 다소 진정되었다고 판단한 서울시향은 오랫동안 바라온 대면 공연을 진행했다. 그 전까지 주로 무대 위 거리두기가 적용된 온라인 공연을 했다면 대면 공연에는 이에 더해 관람객들도 띄엄띄엄 앉는 '거리두기 좌석제'를 시행했다. 오랜만에 재개된 서울시향의 대면 공연은 위험한 공기의 시대에 음악을 위해 사람들이 모여야 하는 이유를 증명해야 하는 시험이기도 했다. 7월 9일 공연을 맡은 수석객원지휘자 마르쿠스 슈텐츠 Markus Stenz는 멀어진 거리를 활용할 만한 프로그램을 고심하다 죄르지 쿠르타그의 「환상곡 풍으로」라는 다소 생소한 곡을 선정했다. 악기들이 무대 위에 한데 모여 있는 것이 아니라 공연장 이곳저곳에 자리를 잡아 관람객들에게 생경한 공간적 경험을 준다는 곡이었다. "공간적으로 분리된 별도의 악기군"이 만드는 "먼지가 날리는 듯한 울림"이 마치 "바이러스로 인한 오늘날의 사회적 격리를 예견이라도 한 것처럼 절묘하다"는 것이 서울시향의 소개였다. 서울시향은 이러한 곡의 특징을 극대화하기 위해 악기들을 콘서트홀 여기저기에 분산해서 배치했다. 현악기는 1층 오른쪽 객석, 목관악기는 1층 왼쪽 객석, 금관악기는 2층 뒤쪽 객석에 위치하는 식이었다. 콘서트홀 전체를 활용하는 극단적 거리두기를 통해 서울시향은 안전을 확보할 뿐만 아니라 공기의 물질성에서 오는 새로운 음향 효과를 만들어냈다. 이날 공연을 관람한 작가 유지원은 "연주자들에게 위아래 사방으로 모두 둘러싸인 가운데 관객들은 새로운 소리의 우주 속에 잠겼다"고 표현했다. "그동안 비어 있는 것 같았던 공간에 액체처럼 감각화된 공기라는 매질이 가득 찬 듯한" 새로운 감각을 경험했다.[66] 연주자와 청자가 콘서트홀에 물리적으로 함께 존재해야만 느낄 수 있는 고유한 공기경험이었다.

2020년 12월 코로나19 3차 유행이 시작되자 거리두기 좌석제를 시행해도 관객과 연주자가 만나기 힘들어졌다. 서울시향은 매해 연말 단골 레퍼토리로 많은 사랑을 받아온 베토벤 교향곡 9번 「합창」 공연도 취소할 수밖에 없었다. 베토벤 탄생 250주년을 기념하는 공연으로 전석 매진되며 많은 기대를 모았기에 안타까움이 컸지만, 비말이 많이 발생하는 합창곡을 대면으로 공연하는

것은 위험하다는 판단이었다. 그러나 오스모 벤스케 감독과 서울
시향은 「합창」을 완전히 포기할 수는 없었다. 이들은 대면 공연
대신 무대 위 거리두기를 적용한 온라인 공연으로 전환하기로 결
정했다. 대규모 교향악단과 합창단이 만드는 장엄한 분위기로 유
명한 이 곡을 실내악 규모로 축소하고 실시간으로 송출까지 하는
것은 유례를 찾기 힘든 대담한 시도였다. 벤스케 감독은 이러한
도전을 통해서만 음악의 가치와 안전의 가치를 모두 지켜낼 수
있다고 생각했다. "코로나19와 관련해 어떤 위험 부담도 감수하
지 않겠다는 원칙을 세웠어요. 원래대로 2백명 넘는 연주자들을
무대에 올리면 만에 하나 어떤 일이 생길지 모르는 일이죠. 하지
만 합창 연주를 포기하고 싶진 않았어요."[65]

2019년 연말 서울시향의 「합창」 무대에는 합창단원 124명을 비
롯해 2백명 이상이 무대에 섰다. 2020년 연말에는 이 인원을 절반
이하로 줄여야 했다. 벤스케 감독의 의뢰로 편곡을 맡은 핀란드
작곡가 야코 쿠시스토Jaakko Kuusisto의 난제는 무대 위 인원을 줄이
면서도 원곡의 느낌과 의도를 구현하는 일이었다. "무대 위 거리
두기 규정에 따라 오케스트라 규모는 원곡이 의도한 것보다 상당
히 축소시켰습니다. 그로 인해 이미 존재하는 모든 음표들을 새
악보에 포함시킬 수 없는 상황이 빈번할 수밖에 없었습니다." 그
는 소수의 연주자로 넓은 음색을 표현할 수 있는 방법을 고안해
야 했다. 예를 들어 플루트 주자가 피콜로도 연주하고 바순 주자

그림 9　2020년 연말 서울시향은 마스크와 거리두기의 제약 속에서 베토벤 교향곡 9번 「합창」 공연을 진행했다. 음악과 안전을 동시에 성취하기 위해 연주자, 지휘자, 엔지니어가 함께 협력한 무대였다.

가 콘트라바순도 함께 연주하도록 했다. 쿠시스토의 편곡 덕분에 서울시향은 64명의 공연자만으로 "원곡이 가지고 있는 소리와 정확히 일치하지는 않지만 가능한 가장 유사한 사운드를 만들어"내는 데 성공했다. 벤스케 감독은 「합창」 작곡 당시의 악기 음량이 현대에 비해 작았다는 점을 감안하면 편성이 축소된 이번 공연이 오히려 "베토벤 시대에 좀더 가까운 형태가 될 것"이라고 말했다. 숨을 분리한 채 서로 연결되어야 하는 위기 상황이 음악가들에게는 명작의 원전을 탐구하는 기회가 된 셈이었다.[66]

또다른 난관은 연주자와 합창단의 배치에 있었다. 예전 「합창」 공연에서는 보통 네명의 성악가와 교향악단이 중앙 무대에, 합창단은 1층 합창석에 자리를 잡았다. 서울시향은 성악가와 관악 연주자가 서로의 숨에 노출되지 않도록 성악가를 1층 합창석에 배치하고 합창단은 2층 합창석으로 옮겼다. 멀찍이 떨어져 앉은 연주자들이 소리를 조화롭게 섞는 일은 쉽지 않았다. 성악가와 합창단이 마스크를 쓴 채 노래를 부르는 것도 음향의 밸런스를 해치는 요소였다. 소리가 너무 어색했는지 리허설을 하던 지휘자 마르쿠스 슈텐츠가 마스크를 벗고 공연하는 것을 고려해야 한다고 말할 정도였다. 위기에 처한 음향을 조율해낸 것은 온라인 공연 송출을 담당한 톤마이스터Tonmeister, 소리 장인 최진이었다. 그는 평소와 다른 위치에서 마스크를 쓰고 노래를 부르는 합창단의 소리를 세심하게 보정했다. "마스크를 쓰면 높은 음이 특히 잘 안 들리게 되고 무엇보다 자음이 막히게 된다. 고음역의 영역을 신경 써서 소리를 잡았고, 성악가와 합창단 모두 자음의 발음을 강조하며 노래하도록 했다." 보정된 음향을 확인한 지휘자는 마스크를 쓰고도 공연이 가능하겠다고 생각을 바꾸었다. 연주자, 지휘자, 엔지니어의 각별한 협력이 마스크와 거리두기의 제약 속에서 뛰어난 음악과 안전을 성취했다.[67]

「합창」 공연을 관람한 사람들은 팬데믹이라는 힘든 공기조건 속에서도 연대의 가능성을 보여준 서울시향에 감탄했다. 『세계일보』 박성준 기자는 4악장에 나오는 '환희의 송가'를 마스크를 쓰고 부르는 모습이 이 노래가 예찬하는 '인류애'의 현대적 모습을 제대로 구현한 것이라고 평가했다. "거추장스러운 마스크 때문에 겪는 불편이 확연하게 드러나는데도 굴하지 않고 인류의 형제애를 소리 높여 외치는 성악가와 합창단"이 코로나19 시대가 필요로 하는 '연대의 모범'을 보였다는 것이다. 음악 칼럼니스트 김문경은 이 공연에서 장벽을 뛰어넘는 연결의 가능성을 보았다. 베이스의 "굵고 웅장한 목소리가 마스크라는 일종의 '장벽'을 뚫고" 무대에 울려퍼지자 "인류애를 상징하는 합창단도 모두 꼼꼼히 마스크를 쓰고 베이스의 제안에 화합"했다. 서울시향이 마스크를 쓰고 부른 '환희의 송가'는 나뉘고, 가로막히고, 멀리 떨어진 사람들이 만드는 호흡공동체를 축복했다.[68]

감염병 유행 중에 서울시향이 만들어낸 무대는 그 이름에 있는 '필하모닉 오케스트라'의 뜻을 곱씹게 한다. '함께 공기를 울려 기쁨을 주는'phil-harmonic 것은 오직 인간과 악기와 그 사이의 것들을 세심하게 '조직하고 배치하는 일'orchestrate 덕분에 가능하다. 코로나19 사태는 안전이라는 새로운 구성 요소를 추가함으로써 오케스트라가 늘 시도해온 세심한 조율이라는 업무를 좀더 복잡하게 만들었다. 서울시향이라는 호흡공동체는 음악과 안전이라는 두 가치 중 어느 하나를 포기하는 것을 단호히 거부했다. 이들은 단원 사이의 간격을 조정하고 무대의 공기관계를 재조정함으로써 음악의 가치를 더욱 빛나게 만들었다.

교실과 공연장의 대면 활동 재개는 교육자와 예술가들이 대면

과 비대면 중에 더 손쉬운 방식을 택해서 이루어진 것이 아니었다. 이들은 무턱대고 교실에 학생을 불러들이고 공연장에 연주자와 관객을 모아 원래 하던 대로 수업과 연주를 할 수 없었다. 코로나19 대유행 중의 대면 수업과 대면 공연에는 과거보다 더 세심한 조율과 배치의 과정이 필요했다. 과거 방식대로라면 같은 시공간에 몰려 있었을 사람들을 넓은 시간과 공간에 걸쳐 분산하고, 함께 하는 작업을 더 작은 단위로 분할하거나 변경하고, 각 단위마다 위험의 정도를 가늠해서 가림막과 방음판 같은 기구를 적당한 장소에 설치하는 노력이 들어갔다. 이렇게 애써 모여서 대면한 결과가 다소 어색하고 불편하고 만족스럽지 못해도 이를 참고 견디는 마음의 노력도 필요했다.

코로나19 시대의 대면은 분명 더 느리고 비싸고 번거로운 과정이 되었다. 그렇지만 우리는 온라인 수업과 온라인 공연으로 할 일을 다 했다고 자족하지 않고 공동체의 구성원들을 공들여 한곳으로 모은다. 제한된 방식으로나마 공기를 공유하는 행위의 가치를 포기할 수 없기 때문이다. 함께 호흡하는 공동체를 통해서만 생성하고 유지하고 전달할 수 있는 그 무엇을 위해 이들은 위험을 감수하고 모였다. 교실과 공연장에서 재구성된 호흡공동체는 느슨하지만 끈질긴 연결의 가능성을 조심스럽게 실험했다.

# 각별한 연결

　인천공항으로 잠시 돌아가보자. 끊임없는 연결을 약속하며 언제든 "특별함을 기대하라"던 인천공항공사의 선언은 다시 돌아갈 수 없는 시대의 철 지난 표어가 된 것일까. 아니면 어떻게든 연결되어 이 예외적인exceptional 상황을 견뎌야 하는 코로나19 시대를 위한 통찰이라고 생각해야 할까. 언제나 연결될 수 없다면, 적어도 예전 방식으로 언제나 연결될 수는 없다면, 그러나 모든 연결을 깨끗이 포기할 수도 없다면, 우리가 이 예외적인 시공간에서 어떻게든 만들어가야 하는 연결은 어떤 것일까.

　맘껏 공기를 섞고 호흡하지 못하는 중에도 공동체를 유지하기 위해 우리가 상상하고 설계해야 하는 것은 '각별한 연결'exceptional connection이다. 우리는 각별各別하게, 즉 각각, 제각기, 따로따로 나뉘고 떨어진 상태에서 연결하는 법을 배워가고 있다. 이것은 또 익숙한 제도와 규범에서 멀리 벗어난 '유달리 특별'한 연결이기도 하다(『뉴에이스 한한사전』『고려대한국어대사전』 참조). 우리는 바이러스를 품은 공기를 피해 서로 거리를 두는 '각별한 사이'가 되어야 했지만, 이내 새로운 자리를 만들고 배치해서 함께 할 일을 도모함으로써 '각별한 공동체'를 꾸려나갈 수 있었다. 각별한 상태에서 서로 연결하는 것, 같이 숨쉬지 못하면서도 공동체를 이루는 것, 이것은 분명히 불가능한 조건, 모순적인 상황이다. 하지

그림 10  음압병동 유리창에 글씨를 써서 의사소통을 하는 경북대병원 간호사

만 이 모순적인 상황을 살아내려는 노력이 여기저기서 끊이지 않고 있다. 서로 떨어져 있지만 어떻게든 연결하고, 같이 숨을 쉴 수 없지만 어떻게든 가까이 가서 돌보려는 시도들이다.

'각별한 연결'의 훌륭한 사례는 코로나19 환자를 치료하는 음압병실에서 찾아볼 수 있다. 음압병실은 격리의 공간인 동시에 의료진이 함께 소통하고 일해야 하는 공간이다. 코로나19의 위험한 공기는 의료진의 소통을 위한 근본적인 조건을 위협했다. 감염을 피하기 위해서는 사람 사이의 소통의 매질인 공기를 쪼개고 가로막아야 했기 때문이다. 코, 입, 귀를 가리는 방호복을 입은 간호사들은 공기를 통하는 연결, 즉 소리로 소통하는 것에 어려움을 겪었다. 집단감염 당시 계명대학교 대구동산병원에서 일했던 김수련 간호사는 후드를 뚫고 대화하기 위해서 "싸우기라도 하듯 소리를 버럭버럭" 질러야 했다.[69] 특히 음압병실 안에서 일하는 의료진은 안과 밖의 공기를 구획하는 벽에 한번 더 가로막혔다. 공기의 부재와 단절 속에서 이들이 공기 대신 사용한 매체는 유리창과 화이트보드용 펜이었다. 방호복 때문에 스마트폰 사용도 어려운 상황에서 이들은 병실 유리창을 터치스크린 삼아 필담을 교환했다. 연결을 위한 공기가 가로막힌 음압병실의 간호사들이 새로운 소통의 방식을 곧 찾아낼 수 있었던 것은 이들이 유리창 너머 상대방의 처지를 정확하게 이해하고, 환자 돌봄이라는 목표를 깊이 공유했기 때문이었다. 간호사들은 '헤쳐 모여'의 절박한 상황에서 '각별한 연결'을 만들어냈다.

코로나바이러스는 우리가 공기를 통해 연결되어 있으며 공기를 함께 호흡함으로써 공동체를 이루고 서로를 돌보아왔음을 상기시켰다. 감염병 위기에 대응하는 일은 한 사회를 구성하고 있던 각종 공기관계들을 관찰하고 분석하고 조정하는 과정이었다. 바이러스를 품은 공기를 추적하고, 꼼짝없이 숨을 섞으면서 일하던 사람들을 찾아내고, 공동 호흡을 가로막는 벽을 넘어 서로를 돌보는 방법을 고안하고, 어떻게든 다시 모이기 위해 사람과 물자를 새로 배치하면서 우리는 공기관계를 재설정하기 시작했다. 따로 또 같이, 느슨하지만 끈질기게, 또 각별하게.

**3장**

# 피서는
# 끝났다

뜨거운 공기 앞에서
우리는 어디로
도망치고 있는가

## 폭염의 역설

2018년 8월 중순, 가을도 아닌데 잎이 빨간 나무들이 전국 도심 곳곳에서 발견됐다. 30일 넘게 이어지는 폭염에 가로수 나뭇잎이 다 타버린 것이다. 녹지 조성을 위해 심어진 조경 수목도 운명을 피하지 못했다. 각 지자체가 나서서 땅에 물을 뿌리고, 나무에 물주머니를 걸고, 토양 보습제를 투입했지만 계속되는 폭염에 역부족이었다. 수분이 공급되더라도 식물이 제대로 흡수하기 전에 고온으로 말라버린 것이다. 서울은 7월 15일부터 8월 22일 사이에 나흘을 제외하고는 모두 일 최고기온이 33도를 넘었고(총 35일), 대구는 6월부터 8월까지 폭염 일수가 40일이었다. 국립환경과학원은 이런 폭염에는 산림 말고는 인간이 받는 열 스트레스를 완화할 수 있는 환경이 없다는 연구 결과를 발표했다.[1] 도심의 열을 식혀주던 가로수나 조경 수목, 공원 잔디밭도 메가톤급 폭염을 기록한 "역사적인 여름"[2]에는 스러지고 말았다. 언론은 빨간 나무들이 때 이른 가을 단풍이 아니라는 기사를 내보냈다.

　도심의 나무가 마를 동안 농어촌에서는 작물과 어류의 씨가 말랐다. 예년보다 높아진 수온에 연안 양식 어류 708만마리가 폐사했다.[3] 농촌은 2018년 여름에만 1445헥타르나 되는 과수 피해를 입었다. 여의도(290헥타르) 다섯배 면적의 땅에서 사과, 포도, 단감, 복숭아, 자두, 배가 사라졌다. 쩍쩍 갈라지고 비틀어진 과일이 과수원 바닥에 수두룩했다. 닭, 오리, 돼지 등 가축 783만 5천마리가 죽었다. 그중 93퍼센트가 닭이었다.[4] 한 양계장 주인은 "자식 같은 닭들이 쓰러지는 걸 보고 울다 지쳐 쓰러져 병원까지 갔어요. 정말이지 제초제 먹고 죽고 싶은 심정이에요."라고 울먹였다.[5] 폭염은 9월에 다가온 추석 시장에도 영향을 미쳤다. 과수가 말라 죽거나 상품성을 상실한 까닭에 물량이 줄어 값이 부쩍 오른 것이다. 추석에 모이는 대가족을 다 먹일 만큼 음식을 마련할 수 있을지 고민하는 목소리도 들렸다. 한국은행이 발표한 2018년 8월 생산자물가지수에 따르면 시금(金)치와 배추금(金)치라며 원성을 산 채소들은 7월 대비 8월 가격이 각각 3.2배, 1.9배 올랐다.

　어떤 이들은 한가위 음식을 마련하는 대신 '호캉스'(호텔+바캉스)를 떠났다. 예년 같았으면 8월 휴가철에 바다에 다녀왔을 테지만 35도 넘는 기온이 이어지면서 대다수의 사람들은 밖으로 나갈 엄두도 기운도 내지 못했다. 너무 더우면 피서도 떠날 수 없다는 "폭염의 역설"이었다. 2018년 강원도 동해안 해수욕장 이용객은 전년보다 17.7퍼센트 줄어 1846만 7737명이었다. 다른 지역의 해수욕장 이용객도 20퍼센트쯤 줄었다. 8월에 피서를 떠나지 않은 이들은 조금 선선해진 9월 추석 연휴를 이용해 호텔, 카페, 백화점 등 가까운 실내를 찾거나 집에 머물렀다.[6] 실내에 머무는 사람이 늘어나면서 에어컨 판매량이 전년에 비해 60퍼센트, 선풍기 판매량은 130퍼센트 정도 증가했다.[7] 에어컨은 주문량이 밀려 소비자들이 구입에서 설치까지 2주가량 기다려야 했는데, 빠르게 배송할 수 있는 업체를 찾다가 사기를 당하는 피해자도 생겼다. 2018년 폭염을 겪으면서 "에어컨은 거부해야 하는 죄책감의 대상이 아니라, 일종의 생존 필수품"이 되었다.[8] 남재철 기상청장은 앞으로는 "5월 기온도 6월에 준할 정도로 오른다"며 5개월 여름의 시대(5~9월)를 준비해야 한다고 말했다. "폭염도 이제 재난의 영역에 돌입했다"는 진단도 덧붙였다.[9] 그의 말을 증명하듯 다음 해인 2019년 5월 23일 서울, 경북, 강원, 전남, 경남 등에서 첫 폭염특보가 발령됐다.

2020년 여름은 더 뜨거울 것이라는 예측이 나왔다. 2020년 4월 미국 해양대기청National Oceanic and Atmospheric Administration, NOAA이 막 여름을 준비하기 시작한 이들에게 경고장을 날렸다. 2020년이 역사상 가장 더운 해가 될 확률이 74.67퍼센트, 가장 더운 해 5위 안에 들 확률은 99.94퍼센트였다.[10] 2020년 6월 말 정부는 전력 수급에 차질이 생긴 2018년의 실수를 반복하지 않기 위해 피크 시기(7월 다섯째 주~8월 둘째 주) 전력 공급 능력을 역대 최고 수준인 1억 19만 킬로와트로 확보했다고 발표했다. 지자체는 축산농가에 폭염 피해를 줄이기 위해 축사에 냉방시설을 설치하거나 재해보험에 가입하라고 독려했다. 소비자들도 분주히 움직였다. 2020년 5월의 가전제품 판매액지수(2015년을 기준으로 판매 수준을 판단하는 수치)는 192.2, 6월은 200.9로 2015년에 비해 각각 1.9배와 2배 증가했는데, 두번째로 잘 팔린 승용차 판매액지수가 147.2와 174.5임을 감안하면 상당히 높은 수치였다. 7월 2일 기상청은 때 이른 폭염으로 역대 가장 높은 6월 기온을 경신했다고 밝혔다. 이미 코로나19로 지친 시민들은 여름이 다가올수록 땀에 전 마스크를 상상하며 긴장할 수밖에 없었다. 6월 기온이 역대 최고라면 7월과 8월은 얼마나 더울 것이란 말인가. 코로나19가 한창인 와중에 더위를 피하기 위해 어딘가로 떠날 수는 있을까.

그러나 기상청 예보와 달리 2020년 7월은 기나긴 장마의 달이었다. 6월에 이른 폭염이 왔지만 막상 7월 평균 기온은 22.7도에 머물렀다. 7월 한달 동안 일 최저기온이 17도 이하로 내려간 날이 이틀이었고, 20도 미만인 날은 13일이었다. 코로나19 때문에 밖에 나가지 못하는 소비자들은 장마의 습기를 견디기 위해 에어컨 대신 제습기와 의류관리기를 샀다. 그러다 8월에 다시 평균 기온이 26.6도로 4도가량 오르면서 온열환자가 늘어났다. 기상청에 따르면 2020년 전체 폭염 일수는 13.7일이었는데 최근 5년 중 가장 적었다(2019년 19.1일, 2018년 33.7일, 2017년 20.3일, 2016년 23.9일). 적응할 새 없이 닥친 코로나19 대유행, 역대급으로 긴 장마, 유례없이 낮았다가 갑자기 오른 기온 때문에 사람도, 동물도, 식물도 모두 힘든 여름을 보냈다.

최근 몇년간 우리는 계속 여름 대비에 실패하고 있다. 피서가 피서 같지 않아졌고, 피서를 가야 할지 말지 결정하기도 곤란해졌다. 여름 기온이 늘 예상을 벗어나면서 정부와 지자체가 1년 단위로 마련하던 더위 대책도 방향을 잡기가 어렵다. 예상보다 더웠던 2018년에는 전력 수급량이 부족하거나 온열환자가 급증했고, 2018년의 실패를 반복하지 않기 위해 폭염 대응책을 열심히 준비한 2020년에는 예상을 깨고 장마가 길어지면서 폭우 피해를 막지 못했다. 그래도 한가지 분명한 변화가 있다면 이제 '기록적인' '역대급' '사상 최고'의 더위가 언제라도, 당장 올해에도 올 수 있다는 사실을 모두가 받아들이게 된 것이다. 올해가 조금 견딜 만했다면 내년은 또 기록적으로 더울 것이라고 쉽게 인정한다. 이제 우연이 아니라 뚜렷한 추세가 된 폭염은 '7말 8초'(7월 말과 8월 초)의 더위에 맞춰 농작물과 가축을 기르고, 추석 음식을 준비하던 관행을 바꿨다. 너무 더운 나머지 사람들은 계곡과 바다로 피서를 떠나는 대신 에어컨 바람이 나오는 방 안에서 쉬기를 택한다. 여름이 재난이 된 시대에 우리는 과연 언제까지 또 어디에서 더위를 피할 수 있을까.

## 피서의 역사

피할 피避, 더울 서暑. '피서'의 의미는 "시원한 곳으로 옮겨 더위를 피함"이다. 더위를 피하고 싶은 마음은 인간의 본능에 가까운 자연스러운 태도라고 할 수도 있겠지만, 피서는 본능만으로 행할 수 없는 사회적이고 기술적이며 문화적인 행위다. 피서를 떠나기 위해서는 많은 경우 누군가의 허락이나 제도적인 보장이 필요하고, 이동할 수 있는 수단과 인프라가 필요하며, 이것이 비겁한 도망이 아니라 심신의 건강을 위한 정당한 행위라는 주위의 인정이 필요하다. 무엇보다 피서는 우리 모두가 더운 공기를 잠시 피하고 난 다음 이내 삶의 현장으로 돌아올 수 있고 또 돌아와야 한다는 전제 아래 가능한 일이다. 피서는 어디까지나 일시적 상태를 뜻한다. 견디기 어려울 정도로 뜨거운 공기라는 일시적 조건을 피하는 과정은 그래서 즐거운 일탈일 수 있었다. 많은 사람들에게 피서와 휴가는 동의어였다. 더위를 잠시 피하면서 휴식을 취하고 추억을 만들 수도 있었다.

여름철 더위를 피해 시원한 곳으로 잠시 여행을 갔다는 기록은 일제강점기 신문 기사에도 등장한다. 모두가 피서를 떠날 수 있는 것은 아니었지만, 할 수만 있다면 더위를 피하는 것은 "위생에 유익한 일"로 여겨졌다. 평소에 얻지 못한 영양소를 피서지에서 충분히 섭취하고 돌아오라는 조언이 신문 지면에 실리기도 했다.[11] 하지만 이 새로운 삶의 양식에 대한 사람들의 의견은 분분했다. 1935년 『동아일보』에는 「이열치열」이라는 제목의 칼럼이 실렸다.

"여름의 불덩어리 같은 볕과 친한 사람들 (…) 농부, (…) 스포츠맨, (…) 노동하는 사람 (…) 그들의 다리와 팔을 보고 얼굴과 몸뚱이를 보라. 볕을 피하야 서늘한 그늘 속만 찾는 사람들보다 얼마나 씩씩하고 생기가 넘치는지를."[12]

칼럼은 더위를 피해 도망치기보다는 더위 속에서도 고된 일을 하며 역경을 이겨내는 행동을 높게 평가했다. 도피하는 대신 뜨거운 공기 속에서 일상을 살아내는 것을 미덕으로 삼던 시절이었다.

1960년대에는 '피서' 대신 프랑스어에서 기원한 '바캉스'vacance라는 말이 등장해 널리 쓰였다.[13] 바캉스는 '무언가로부터 자유로워지는 것' '텅비다'라는 뜻의 라틴어 '바카티오'vacátĭo에서 파생한 단어다. 점점 더 많은 사람이 여름에 '바캉스'를 떠나면서 더위로부터 '자유로워지는 일'이 대중화되었다. 회사에서 여름휴가가 제도화된 덕분에 회사원은 피서 적금을 들고 주부는 피서계를 만들어 목돈을 마련하는 등 다들 각자의 방식으로 피서를 준비했다. 여름휴가에 대한 기업의 태도도 바뀌었다. 사원이 여름휴가를 충분히 즐기고 돌아와야 작업 능률이 오른다는 인식이 형성된 것이다. 1973년 S 그룹의 한 간부는 "여름휴가를 즐기는 것은 샐러리맨들의 권리이며 의무"라고 말했다. S 그룹은 그해 전사원에게 250퍼센트의 휴가 보너스를 지급했다.[14] 직장인이라면 평소에 열심히 일을 하며 피서를 준비하고, 기업은 사원들이 피서를 즐길 수 있도록 시간과 돈을 지원해주는 것이 새로운 미덕이 된 세상에서 휴가를 떠나는 인파는 급격히 늘었다. 1973년 바캉스가 절정일 때는 하루 2백만명에 가까운 사람들이 전국 해수욕장을 찾았다.[15] 대개 피서는 더위를 피하는 댓가로 인파 속에 휘말리는 일이 되었다.

이름난 피서지마다 사람들이 몰리면서 사건·사고가 끊이지 않았다. 피서객을 상대로 바가지 요금을 받는 숙박업소와 음식점, 미성년자에게 술과 담배를 팔고 이들의 유흥업소 출입을 묵인한 업주가 자주 문제로 등장했다. 쓰레기 무단 투기, 풍기문란 같은 피서객의 행태도 비난을 받았다. 물놀이를 하다가 익사하는 피서객에 대한 보도도 매년 끊이지 않았다. 정부는 국민에게 올바르게 '더위를 피하는 법'을 가르치려고 나섰다. 1970년대부터 '건전한 휴가 보내기' '알뜰 피서' '폐 안 끼치는 여름휴가'와 같은 캠페인이 열렸고, 치안 당국은 '행락질서 유지'를 위해 단속을 벌였다. 피서 인구를 분산하려는 시도도 있었다. 1978년 내무부는 피서지 '인파예보제'를 시행해서 전국 서른네곳의 피서객 수용 상황을 알리는 인파 보도판을 주요 여행사, 역, 터미널, 부두에 설치했다. 하지만 잠시라도 더위를 피하려는 사람은 꾸준히 늘어 1981년 한해 바다를 찾은 피서객은 연인원 약 2300만명이었고 부산 시내 해수욕장 방문객은 약 1640만명이었다.[16] 피서객은 더위 때문이 아니라 피서지에서 만난 '인간 공해' 때문에 짜증이 날 법도 했지만, 그래도 피서를 포기할 수 없다는 사람이 많았다. 피서라는 이름으로 마치 '전쟁' 같은 며칠을 보내고 돌아오는 것 자체가 추억이자 자랑거리가 될 수도 있었다.[17]

매년 7월 말과 8월 초 일시적으로 도시와 일터를 떠나는 것으로 더위를 피할 수 있다는 생각은 한반도 더위의 역사를 새로 쓴 1994년을 지나면서 흔들렸다. 1904년 공식 기상관측이 시작된 이래로 가장 심한 폭염이 1994년 여름에 찾아왔다. 7월 24일 서울의 기온이 역대 최고 온도인 38.4도를 기록한 것을 비롯해 전국에서 71개 관측소의 최고 온도가 52차례나 경신됐다. 7월의 전국 평균 온도는 평소보다 4.4도 높았다. 열대야 일수도 서울을 기준으로 36일에 달했다.[18]

시민들은 더위를 피해 바다로, 계곡으로, 섬으로 떠났다. 전국 주요 호텔과 콘도의 예약률이 90퍼센트에 달한 것은 물론 울릉도로 가는 배의 표까지 80퍼센트가 팔려나갔다. 피서 정보를 검색하려는 사람들로 인해 포털사이트 천리안의 이용률은 전해에 비해 약 60퍼센트 증가했고, 7월 중 해수욕장·섬, 폭포·계곡, 국·도립공원이 차례로 관광명소 조회 건수 1, 2, 3위를 차지했다. 더위를 피해 달아나지 못한 시민들은 도시 속 공원, 물가, 야산으로 피신했다. 숨막히는 열대야가 계속되던 7월 27일 밤, 서울 한강의 고수부지에는 피서객 수만명이 몰려들었다. 잔디밭은 돗자리와 도시락을 싸들고 나온 가족 단위 시민들로, 다리 아래는 밤낚시를 즐기는 조사들로 불야성을 이루었다. 대부분의 시민들이 더위가 잦아든 새벽 2시가 되자 집으로 향했지만 집으로 돌아가지 않고 노숙한 뒤 바로 출근하는 회사원들도 있었다. 하지만 잠시 더위를 피하는 것만으로는 폭염의 스트레스에서 벗어날 수 없었다. 끝나지 않는 더위에 사람들은 쉽게 짜증을 냈다. 94년 7월 대구북부경찰서에는 작은 시비가 주먹다짐으로 번진 폭력사건이 평소보다 두배 이상 접수됐다. 전국의 응급실에는 더위를 먹은 환자와 지나친 에어컨 사용으로 '냉방병'에 걸린 환자가 동시에 폭증했다. 잠을 이룰 수 없다는 불면증 환자, 수능을 앞두고 더위 때문에 기억력이 감퇴했다는 '고3병' 환자도 나타났다.[19]

인간이 감당할 수 있는 범위를 넘어선 더위 앞에 초자연적인 힘을 찾는 사람도 생겼다. 7월 22일 불교 조계종 총무원은 폭염이 끝나기를 바라는 간절함으로 전국 사찰에 1주일간 부처님께 기우제를 봉행하라는 공문을 보냈다. 같은 날 농협기독교선교회 역시 비가 충분히 올 때까지 계속되는 '특별기도운동'에 돌입했다. 7월 28일에는 서울 국립민속박물관의 우물가에서 조선시대 기우제를 재연하는 행사가 열렸다. 박물관 관장이 "서울 남산 목멱대왕, 북악산신, 인왕산신, 경복궁 터주지신"에게 비를 내려달라고 청하는 축문을 읽고 흰 한복을 입은 직원들이 우물물을 흩뿌리는 모습을 시민 1백여명이 관람했다. 29일에는 제기동 선농단에서 동대문구 주민들이, 30일에는 여의도 광장에서 무속인과 국악협회가 폭염이 끝나기만을 기원했다. 살인적인 더위를 물러가게 할 수만 있다면 평소에는 거들떠보지 않던 조상의 지혜도 한번쯤 시도해볼 만한 일이 되었다.[20]

1994년 여름이 가르쳐준 것은 더위가 인명을 앗아가는 재해가 될 수 있다는 사실이었다. 이는 1994년 당시에는 명백하지 않았거나 제대로 주목받지 못했다. 1994년의 뜨거운 공기가 상당한 인명 피해를 초래했다는 사실은 그로부터 10여년 뒤 학자들이 기후변화로 인한 건강 피해에 관심을 가지고 기상과 사망 통계를 재검토하는 과정에서 드러났다. 2005년 이상 기후로 인한 건강 피해를 연구하던 한국환경정책·평가연구원의 박정임 연구원 팀은 1994년에서 2003년까지 폭염이 초래한 초과 사망자 수를 계산했다. 이 연구는 서울에서 평균 기온이 섭씨 28.1도를 넘어서면 1도 상승할 때마다 사망률이 평상시보다 9.6퍼센트씩 증가하는 것을 발견했다. 1994년 서울을 비롯한 네개의 도시에서는 고온 현상이 일어났을 때 평소보다 1083명이 더 사망한 것으로 추정됐다. 2009년 기상청의 김지영 연구원 팀은 비슷한 연구를 전국을 대상으로 수행해서 1994년 폭염 당시 전국의 초과 사망자가 총 3384명에 달한다고 집계했다. 이는 1901년부터 2008년까지 발생한 모든 기상재해를 통틀어 가장 큰 인명 피해를 초래한 사건이었다.[21]

1990년대 후반으로 가면서 한반도의 여름 더위가 전지구적 변화의 일부라는 인식이 생겨났다. '지구온난화'와 기상재해는 더 이상 신문의 해외 소식 면에 한정되지 않고 한반도의 의제로 다루어졌다. 1998년 8월 『경향신문』은 '뜨거워지고 있는 지구'를 설명하는 특집 기사를 내면서 산불로 새까맣게 타버린 미국 플로리다주 잭슨빌의 숲지대 사진과 최근 1백년간의 지역별 기온 변화를 보여주는 세계지도를 실었다. 그러나 이 기사의 핵심은 지구온난화 문제가 곧 한반도의 문제임을 지적하는 것이었다. 텍사스 A&M대학에서 기상학을 연구하는 김광열 교수는 "한반도 역시 기상재앙에서 비켜날 수 없을 것"이라며 한국과 중국 중동부의 기온 상승 폭은 지구 평균보다 높은 2~4도일 것으로 예상했다. 기사 제목은 '2025년 한반도는 아열대로'였다.[22]

점점 치명적으로 변해가는 여름 앞에서 정부는 피서지 관리자의 역할에만 머무를 수 없었다. 2000년대부터 폭염은 정부 차원의 대응이 필요한 재난으로 여겨지기 시작했다. 2004년부터 폭염을 자연재난으로 간주해야 한다고 주장한 소방방재청은 2006년에는 폭염종합대책을 본격적으로 시행했다. 2006년의 종합대책은 폭염대피소 확보, 폭염 위험성 홍보, 온열질환 예방 등을 체계적으로 추진하면서 지자체 관련 부서의 역할을 강화했다. 2007년에는 기상청이 폭염경보와 주의보 제도를 도입했다. 폭염이 태풍, 홍수, 폭설에 비견되는 이상 현상으로 인정받은 셈이다. 2011년에는 질병관리본부가 전국의 응급실 운영 의료기관에서 제출한 자료를 바탕으로 온열질환별 통계를 내는 온열질환 감시체계를 구축했다. 폭염은 이제 공식적으로 기록되는 죽음의 원인이 되었다.

1994년을 뛰어넘는 폭염이 온 2018년에는 폭염을 재난으로 간주해야 한다는 주장이 더욱 설득력을 얻었다. 기상관측소 예순한 곳에서 역대 최고기온 기록이 경신되고 온열질환자가 하루에 수십명씩 발생하자 정부는 7월 27일 '긴급폭염대책본부'를 설치하고 자연재난에 준하는 대응을 하겠다고 발표했다. 김부겸 행정안전부 장관은 "앞으로 기후변화로 인해서 이런 폭염 피해가 매년 연례적으로 일어날 가능성이 크"다며 폭염이 아직 법적으로 자연재해는 아니지만 그에 준하는 사태라고 인식하고 "모든 행정력을 동원해야 할 때"라고 강조했다. 그는 지자체장들과 함께 한 화상회의에서 자신이 조금만 더 힘들면 국민들의 생명을 구할 수 있다는 "결연한 자세"를 가져줄 것을 주문했다.[23] 지방정부들은 속

속 '무더위와의 전쟁'을 선포했다. 광주시는 무더위 쉼터 점검반을 편성해 에어컨 작동 여부를 확인하는 한편 쉼터 한곳당 30만 원의 운영비를 자체 예산으로 긴급 지원했다.[24] 가축 폐사가 심각했던 무안에서는 축사용 대형 환풍기 구매비의 70퍼센트를 보조하는 정책이 실시됐다. 강진군은 고온에 타버리는 농작물을 구하기 위해 스프링클러 1569개를 무료로 대여했다. 고열에 휘는 철로와 과부하가 걸린 변전소에서 일어날지 모르는 사고를 미리 막으려는 안전요원들의 움직임도 분주했다.[25]

다양한 대책에도 불구하고 전국 응급실에는 온열질환자가 2017년과 대비해 세배나 많이 접수됐다. 8월 3일 온열질환으로 인한 사망자가 35명에 이르자 폭염은 대규모 감염병과 비견되는 거대한 공기재난으로 인식되었다. 대한예방의학회와 한국역학회는 성명서를 내어 폭염을 "38명이 사망한 메르스 유행과 같은 공중보건 위기 상황"으로 간주해야 한다고 주장했다. 정부가 감염병 환자를 찾아내는 것처럼 폭염에 취약한 사람을 발견해서 쉼터로 인도하는 '긴급 구난 활동'이 필요하다는 것이었다. 두 학회는 또 폭염에 특별히 취약한 일용직 노동자를 보호하기 위해 정부가 "강제력 있는 긴급명령"을 내려야 하고 국회는 이에 대한 법적 근거를 마련하기 위해 폭염을 자연재난으로 분류하는 재난안전법 개정안을 통과시켜야 한다고 촉구했다.[26] 국회는 이 개정안을 폭염이 모두 지나간 8월 30일에야 통과시켰다. 뒤늦은 입법이었지만, 2018년 여름 폭염특보가 발효된 기간에 온열질환으로 사망한 사람의 유족은 1천만원의 재난지원금을 받을 수 있게 되었다.[27]

재난 수준의 폭염이 반복되는 시대에는 시원한 곳을 찾아 멀리 떠나던 피서가 내 공간을 시원하게 만들고 그 안에서 휴식을 취하는 '실내 피서'로 바뀌고 있다. SK텔레콤이 2017년 초부터 2018년 7월까지 국내 인터넷, 뉴스, 블로그, 게시판, SNS에서 수집한 빅데이터를 분석한 결과, 집에서 더위를 피한다는 의미의 '홈캉스'라는 단어가 2018년에 전년 대비 4.8배 증가한 것으로 나타났다. 베란다가 워터파크와 같다는 의미의 '베터파크', 대형마트로 바캉스를 떠난다는 '말캉스' 같은 신조어도 등장했다. 코로나19로 해외여행은 물론 국내 여행도 위험해진 2020년에는 더 많은 사람들이 바캉스 대신 '홈캉스'를 선택했다. 에어컨과 선풍기를 아낌없이 틀어놓고 온라인 스트리밍 서비스로 영화와 드라마를 연이어 보는 무이동, 비대면 피서법이 인기를 끌었다.[28]

여름은 점점 뜨거워지고 길어졌다. 일시적으로 피할 수 있는 불편한 대상이던 '더위'는 공동체의 생존을 위협하는 재난의 한 종류인 '폭염'이 되었다. 5월에 견디기 어려울 만큼 더운 날씨가 와도, 매년 폭염 기록이 경신되어도 놀라운 일이 아니다. 여름휴가를 준비하는 즐거움은 재난을 대비하는 절박함으로 바뀌고 있다. 자연 현상으로서, 삶의 조건으로서, 국가정책의 대상으로서 우리는 폭염에 대해 아직 충분히 알지 못한다. 폭염이라 불리는 뜨거운 공기를 이해하고, 그것이 초래하는 사회적 결과를 감당하기 위한 시도는 이제 막 시작되고 있다.

## 폭염을 기다리며

"한반도에서 발생한 기상재해 가운데 인명 피해가 가장 많았던 재해는 바로 폭염이었습니다." 2020년 7월에 만난 울산과학기술원UNIST, 유니스트의 이명인 교수는 한 문장으로 폭염예보의 중요성을 설명했다. 그는 유니스트에서 2017년부터 폭염연구센터를 이끌고 있다. 폭염을 전문적으로 다루는 연구소는 이곳이 국내에서 유일하고 해외에서도 찾아보기 어렵다. 이교수가 처음으로 폭염만을 중점적으로 연구하는 센터를 맡았을 때 주변에서 "그럼 겨울에는 아무것도 안 할 거냐"는 핀잔을 듣기도 했다. 이 생소한 이름의 연구센터가 생길 수 있었던 것은 2010년대에 더 심해진 폭염 때문이다. 특히 2016년의 강력한 폭염을 거치며 국내 기상연구자와 예보관 들이 이상 고온 연구에 특별한 관심을 가지게 되었다. 따뜻한 봄이어야 할 5월에 30도를 넘나드는 고온이 발생한 것에 이어 서울을 기준으로 무려 32일이나 열대야 현상이 나타났다. 긴 더위에 지쳐가던 시민들을 더욱 화나게 한 것은 폭염이 끝나는 시점을 제대로 예측하지 못한 기상청이었다. 당시 기상청은 보통 8월 중순 즈음 한반도에서 더위가 물러간 경험을 바탕으로 광복절을 전후해서 폭염이 해소될 것이라 예보했다. 하지만 실제 폭염은 대다수 예보관의 예상을 뒤엎고 8월 하순까지 지속되었다. 결국 2016년은 당시의 기상관측 역사상 폭염 일수가 두번째로 많은 해로 기록되었다. 기상청은 5백억원이 넘는 슈퍼컴퓨터를 가지고도 폭염기간을 예측하지 못하냐는 원성과 함께 '오보청' '구라청' '기상중계청'이라는 놀림을 들어야만 했다.

2016년 폭염은 왜 예측하기 힘들었을까? 가장 근본적인 원인은 2016년의 전지구적인 공기흐름이 지금까지 관찰된 적 없는 희귀한 패턴을 보였다는 데 있다. 한 기상청 예보관의 말에 따르면 2016년 여름의 대기조건은 "현재 누구도 겪어보지 못한 처음 나타난 현상"이었다.[29] 한국뿐만 아니라 일본, 미국, 유럽 등 기상 선진국들이 내놓은 시뮬레이션도 폭염이 지속되는 조건인 공기정체 현상을 전혀 예측하지 못했을 정도로 2016년의 대기가 예외적인 상태였다는 것이다. 많은 기상학자들은 이렇게 기존의 모델로는 설명하기 힘든 기상 현상이 예전보다 더 자주 발생하는 배경으로 기후변화를 꼽는다. 인간이 내뿜은 온실기체가 지구의 공기조건을 뒤흔들면서 기존의 공기이론과 모델로는 예측하기 힘든 상황들이 연출되고 있다는 것이다. 이명인 교수는 이러한 예외적 공기를 예측하기 위해서는 기존의 대기연구와는 다른 접근이 필요하다고 설명한다. 현업 모델이 가장 일어날 법한 기상 현상을 연구한다면, 폭염을 예상하기 위해서는 확률 분포 극단에 있는 기상 현상을 분석해야 한다는 것이다. 2017년 4월 기상청이 유니스트와 함께 폭염연구센터를 설립한 것도 이렇게 예외적이고 극단적인 공기조건을 전문적으로 분석하는 과학을 연구하기 위해서다.

이명인 교수는 2000년대 이전의 더위와 최근 발생하는 폭염의 차이를 강조한다. 이전의 더위는 비교적 국지적이었다. 원체 더운 지역인 대구나 울산에 폭염이 오더라도 서울은 별로 덥지 않은 경우가 흔했고 더위가 오래가는 경우도 드물었다. 하지만 요즘의 폭염은 훨씬 광범위하고 길다. 한국의 서울이 더우면 일본의 토오꾜오에도 장기간 폭염이 온다. 기후변화로 인해 대륙 규모의 공기정체 현상이 잦아졌기 때문이다. 이렇게 큰 규모의 폭염을 이해하고 예측하려면 큰 규모의 분석이 필요하다. 예전에는 더위를 예보하기 위해 동아시아를 덮는 공기덩어리를 살펴봤지만 지금은 지구 단위에서 여러 지역과 요소의 상관관계를 분석해야 한다. 예를 들어 폭염연구센터의 최근 연구는 북극의 해빙海氷이 녹아내릴 때 그 영향으로 한국의 공기 온도가 어떻게 달라지는지 규명 중이다. 이렇게 지구상에서 멀리 떨어진 두 공기덩어리가 마치 서로 연결된 것처럼 함께 움직이는 현상을 기상학자들은 '원격 상관'teleconnection이라고 부른다. 일본이나 중국이 아니라 북극 같은 뜻밖의 지역의 공기 움직임이 한반도의 폭염과 연동되어 있다는 점에서 원격상관은 베이징에 있는 나비의 날갯짓이 뉴욕에서 허리케인을 일으킬 수도 있다는 '나비효과' 이론과 비슷한 측면이 있다. 이렇게 파악한 새로운 공기관계를 수리 모형으로 만들어 기존 모델에 반영하면 예외적이고 극단적인 상황도 더 잘 예측할 수 있다는 것이 폭염연구센터의 관점이다.

이명인 교수를 따라 폭염연구센터 예보실 안으로 들어섰다. 넓게 펼쳐진 스크린 앞에 테이블과 의자가 반원 모양으로 배치된 예보실은 마치 로켓 발사를 관장하는 미국 항공우주국의 통제실이나 국방부의 전쟁상황실을 축소해놓은 것처럼 생겼다. 다른 통제실이나 상황실처럼 폭염연구센터 예보실도 수많은 곳에서 모인 정보를 종합하고 판단해서 중요한 결정을 내리는 곳이다. 연구원들은 한국 기상청, 유럽중기예보센터European Centre for Medium-Range Weather Forecasts, ECMWF, 미국 해양대기청에서 생산한 기상측정 자료와 기상청의 컴퓨터를 사용한 시뮬레이션 자료를 화면에 띄워놓고 주간예보를 생산하기 위한 토론을 시작했다. 장마가 한창이던 2020년 7월 중순에 열린 이날 회의의 의제는 기나긴 강우가 언제쯤 끝나고 폭염이 시작될지 예상하는 일이었다. "올해 MJOMadden-Julian Oscillation, 매든-줄리언 진동가 이례적으로 강하다고 말할 수 있을까?" 한반도 장마에 영향을 주는 인도양과 태평양 사이 기단의 움직임을 묻는 이명인 교수의 질문에 연구원들은 호주 기상청이 제공하는 대기관측 자료를 화면에 띄웠다. 거대한 공기덩

그림 1  예보실에서 시뮬레이션 결과를 확인하는 폭염연구센터 연구진

어리의 움직임이 지도 위의 등고선, 각양각색의 차트, 2차원 그래프 위의 점 몇개로 번역되어 화면에 나타났다. 연구원들은 그래프가 평소와 얼마나 다른지, 다른 기관은 어떻게 예보했는지, 선행 연구에 비추어볼 때 어떤 가능성이 있는지 이리저리 재어보았다. 분석과 토론을 통해 생산한 폭염 주간예보는 폭염연구센터의 홈페이지에 공유한다. 폭염 가능성이 높다는 예보가 나오면 연구원들도 덩달아 바빠진다.

2020년 7월 당시 폭염예보는 특히 어려웠다. 여름철 기상이 폭염연구센터가 봄에 내놓은 예상과 다르게 흘러가고 있었기 때문이다. 2020년 봄, 유니스트를 비롯한 세계 기상예보기관들이 실시한 시뮬레이션은 이해가 평균보다 뜨거울 것이라고 예측했다. 유럽 '코페르니쿠스 기후변화 서비스'Copernicus Climate Change Service가

제공하는 전지구 예보는 2020년 한반도의 여름이 평년보다 뜨거울 확률을 50퍼센트 이상으로 보았다. APEC아시아·태평양경제협력체 기후센터가 내놓은 예측 역시 2020년 여름이 평균보다 뜨거울 확률을 높게 잡았다. 선행 연구들에 비추어볼 때도 2020년 폭염의 가능성은 충분했다. 폭염연구센터 연구진은 해수면 예측 자료들이 동태평양의 적도 부근 수온이 낮아지는 '라니냐'La Niña 현상을 예상한 것에 주목했다. 기존 연구에 따르면 라니냐 현상은 북서태평양의 해수면 온도 상승을 동반하기 때문에 한국에서 폭염이 일어날 가능성을 높인다. 또 4~5월에 유라시아지역은 강수량이 적어 건조한 상태였는데, 이런 상태가 여름철까지 지속된다면 폭염의 가능성을 높이는 요소가 될 수 있었다. 평년보다 비가 많이 와서 폭염을 완화시킬 가능성이 있으므로 장마의 추이를 지켜보아야 하지만, 폭염 발생 일수가 평소보다 증가할 것으로 예상할 수 있었다.[30]

이런 예측은 2020년 6월까지만 해도 맞아떨어지는 듯했다. 2020년 1월부터 6월까지 전지구의 평균 온도는 1880년 기록이 시작된 이래 두번째로 높은 '역대급'이었다. 하지만 7월에 중부지방이 긴 장마로 들어서면서 심각한 폭염의 가능성은 크게 줄어들었다. 기상청이 2020년 9월에 내놓은 설명에 따르면 그해 여름의 긴 장마에는 복합적이고 전지구적인 요인이 영향을 미쳤다. 우선 6월에 시베리아지역에 이상 고온 현상이 나타나면서 대량의 북극 얼음이 녹았다. 그 결과로 북극지역에 강한 고기압이 형성되어 찬 바람이 동아시아 부근까지 밀려 내려와 한반도 북쪽의 공기흐름을 막는 '블로킹' 현상이 일어났다. 엎친 데 덮친 격으로 7월에 서인도양 온도가 올라 대류가 활발해져 기류가 상승하고 이에 따라 동인도양에서 찬 공기가 하강하자 고온의 북태평양 고기압이 남쪽에서 서쪽으로 길게 확장했다. 북극과 동쪽에서 오는 찬 공기와 서쪽에서 온 뜨거운 공기가 충돌하면서 장마전선이 위로 올라가지 못하고 정체한 것이다. 이로 인해 폭염 대신 긴 장마가 왔다.[31]

2020년 폭염 연구자들은 2016년에 버금가는 '역대급 오보'를 냈다고 해야 할까? 물론 폭염 대신 찾아온 긴 장마를 완전히 예측하지 못했다는 점에서 2020년 여름은 현재의 기상과학의 한계를 보여주었다. 현재의 폭염예보 수준으로는 1주 이후의 폭염 가능성을 예측하기가 매우 어렵다. 이명인 교수는 또 현재 기상과학이 사용하는 모델은 좁은 단위의 지역별 폭염을 예측할 만큼 정교하지 못하다고 설명했다. 현재 10킬로미터 정도의 거리를 분별하는 날씨 예측 데이터로는 좁은 지역에서 다양하게 발생하는 기상 현상을 포착하기 힘들다는 것이다. 반대로 생각하면, 2020년 여름은 완전한 예보는 존재할 수 없다는 사실을 일깨운다. 더 비싼 컴퓨터와 더 방대한 데이터를 사용해도 극단적 기상 현상이 잦아지는 기후변화 시대의 날씨를 정복할 수는 없다. 대신 우리는 예측에 실패한 경험을 낯선 공기를 학습하는 기회로 삼을 수 있다. 실제로 폭염연구센터는 2020년의 긴 장마가 1998년의 경우와 비슷하다고 판단하고 자료를 조사하고 있다. 이런 연구가 한반도의 폭염에 영향을 주는 새로운 상관관계를 밝힌다면 2020년은 역대급 오보의 해가 아니라 불완전할 수밖에 없는 폭염과학을 조금이나마 진전시킨 해로 기억될 수 있을 것이다.[32]

기후 위기 시대에 공기는 점점 더 예측하기 어려운 존재로 변모한다. 한국의 폭염을 이해하기 위해서 기상과학자들은 과거에는 상상하기 어려울 정도로 많은 양과 종류의 공기 데이터를 활용한다. 북극의 얼음이 얼마나 빠르게 녹는지, 몽골 초원의 습도는 어느 정도인지, 적도 부근의 비구름은 어떻게 움직이는지 샅샅이 살피며 감시한다. 하지만 2020년의 폭염 예측 실패가 보여주듯, 과학자들이 온갖 데이터를 긁어모아도 지구와 한반도의 뜨거운 공기를 예측하려는 그들의 시도가 항상 만족스러운 결과를 낼수는 없다. 우리가 가진 최선의 공기과학으로도 폭염을 완벽하게 예측할 수 없다면, 그럼에도 불구하고 한반도의 더위가 더 혹독해질 것이 분명하다면, 우리는 이 공기위험을 어떻게 대비할 것인가? 2020년의 폭염예보를 '틀린 예보' '엉터리 예보'가 아니라 현재의 불완전한 과학으로 할 수 있는 '최선의 예보'라고 생각할수 있다면 뜨거운 공기를 대하는 우리의 정책과 행동은 조금 더유연해지고 효과적일 수 있다. 불완전하지만 현재로서 최선인 폭염과학에서 우리가 얻을 수 있는 지식과 교훈은 꽤 많다.


## 폭염 속 노인


매해 폭염이 언제 시작하는지 정확히 예측하기 어렵다고 해서 정부가 폭염에 대비할 수 없는 것은 아니다. 한반도 전역에서 공기가 점점 뜨거워지는 경향을 누구도 부인할 수 없게 된 지금 필요한 것은 최선의 지식과 판단으로 폭염의 공기관계에 개입하는 일이다. 뜨거운 공기는 자연 현상이 아니라 사회문제이고 공동체에 대한 위협이기 때문이다. 정부는 현재의 과학과 행정력을 가지고 '폭염정책'이라고 이름 붙일 만한 방침과 조치를 내놓고 있다. 이때 중요한 것은 뜨거운 공기가 사람의 몸과 사람 사이의 관계에 미치는 영향을 세심하게 살피는 일이다.

폭염정책 중 가장 널리 알려진 것은 '무더위 쉼터' 조성 사업이다. 폭염에 취약하지만 냉방비가 부담스러운 쪽방촌 거주민, 독거노인, 저소득층에게 뜨거운 공기를 피할 수 있는 장소를 마련해주는 일이다. 주민센터, 경로당, 노인복지시설처럼 폭염 취약계층이 자주 방문하는 공간이 무더위 쉼터로 지정된다. 쉼터 지정은 그리 까다롭지 않다. 2018년의 행정안전부 지침에 의하면 무더위 쉼터의 면적은 최소 16.5제곱미터로 1인당 1평을 사용했을 때 다섯명 이상이 들어갈 수 있는 정도여야 한다.[33] 이용 인원이 한명 늘어날 때마다 1평을 추가로 확보하면 된다. 에어컨을 반드시 설치해야 하고, 폭염 대비 요령을 교육할 수 있는 별도의 공간이 있어야 한다. 2018년을 기준으로 전국에 4만 5천여곳의 무더위 쉼터가 지정됐다. 무더위 쉼터로 지정된 시설에는 냉방비가 지원된다.

무더위 쉼터를 만드는 것으로 돌봄이 끝나는 것은 아니다. 더위에 힘들어하는 노약자를 발견하고 이들을 쉼터로 이끄는 데는 또다른 노력이 필요하다. 한국환경정책·평가연구원의 2018년 설문 결과를 보면 노약자 가운데 절반 가까이가 무더위 쉼터의 위치를 몰라서 이용하지 못하고 있었다. 노약자들은 용건이 없는 공공장소에 오랫동안 앉아 있는 것에 심리적인 부담도 느낀다. 그래서 요즘에는 무더위 쉼터를 두고도 사용하지 않는 취약계층을 위해 활동하는 '폭염 도우미'도 등장했다. 이들은 쉼터를 만들어놓고 기다리는 대신 뜨거운 공기에 노출된 노인들을 찾아가 위험을 미리 파악하고 사고를 예방하는 역할을 한다. 주로 보건소와 연계된 노인복지사나 지방자치단체의 독거노인 관리 인력이 폭염 도우미 역할을 맡는다.[34]

2018년 폭염 당시 SBS 보도에서 폭염에 대응하기 위한 돌봄노동의 어려움을 확인할 수 있다. 세종시 재가관리센터의 노인복지사 손연서 씨는 이 도시의 독거노인 928명을 돌보는 직원 다섯 중 한명이다. 평소에 혼자 2백여명을 담당하는 그는 폭염기간에 더욱 바빠진다. 폭염경보가 내려진 날에는 전화로 독거노인들의 안부를 묻는 것으로 하루 일과를 시작한다. "아침부터 날이 많이 덥다"고 말씀드린 후에는 "식사를 잘 드시고 항상 건강 조심하시라"는 당부를 덧붙인다. 가정에 설치된 독거노인 활동감지기로 노인의 활동량을 확인하기도 한다. 여러시간 동안 집안에서 움직임이 감지되지 않는 경우에는 복지사가 직접 집을 찾아간다. 폭염기간에 노인복지사의 하루 이동 거리는 자동차로 1백 킬로미터, 도보로 8킬로미터에 달한다.[35] 이들은 직접 찾아간 현장에서 열질환자가 쓰러져 있는 것을 발견하는 때도 있다. 뜨거운 공기 속에 홀로 남겨지는 것은 이내 생명의 위협으로 이어질 수 있다.[36]

2020년의 코로나19 대유행은 무더위 쉼터 정책에도 영향을 미쳤다. 고령자들을 한 공간에 모으는 것 자체가 위험해진 것이다. 행정안전부에 따르면 2020년 6월 30일을 기준으로 전국에 있는 실내 무더위 쉼터 5만 104곳의 3분의 1가량인 1만 6947곳만 문을 열었다. 운영을 계속하는 쉼터는 집단감염을 방지하기 위해 까다로운 지침을 준수해야 했다. 창문을 닫은 채로 에어컨을 사용하는 경우 두시간에 한번씩 꼭 환기를 하고 비말 확산을 막기 위해 에어컨 바람도 사람에 직접 닿지 않는 방향으로 조절했다. 또 담당 공무원이 무더위 쉼터 이용자 사이의 거리가 2미터 이상 되도록 지도했다. 한곳에 사람들을 모으지 않는 대안적 형태의 쉼터도 등장했다. 서울 노원구는 구청 주변 관광호텔의 객실과 공릉

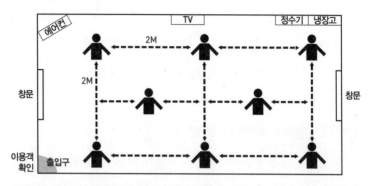

그림 2 　방역수칙을 지키기 위해 변경되어야 하는 무더위 쉼터의 공간 배치 예시[37]

동에 있는 서울과학기술대 기숙사를 1인 1실형 야간 무더위 쉼터로 사용하기로 했다. 공공 쉼터를 만드는 대신 개인에게 냉방용품을 대여하는 사업도 크게 확장됐다. 대구시는 '집안의 무더위 쉼터'를 만들자는 취지로 냉풍기 대여 사업의 규모를 2백여건에서 1만건까지 늘리기로 했다. 코로나19는 열대야를 피하러 모이던 노인들을 다시 흩트려놓았다.[38]

폭염 속 노동

　폭염은 노동하는 몸에도 큰 위협이 된다. 지나치게 뜨거워진 공기 속에서 일하는 몸이 무너지지 않도록 노동조건을 적절하게 관리하는 것도 폭염정책의 일부다. 고용노동부는 현재 폭염과 관련해 크게 세가지 기본 수칙을 권고하고 있다. 폭염기간 동안 야외 작업장에는 충분한 양의 시원한 물과 더위를 피할 수 있는 그늘과 충분한 휴식시간이 주어져야 한다.[39]

고용노동부의 정책이 충분하지 못하다는 지적도 많다. 우선 물, 그늘, 휴식이라는 3대 원칙이 현장에서 잘 지켜지지 않을 뿐더러 법적으로 강제되지 않아서 실효성이 없다는 지적이 있다. 예를 들어 고용노동부는 최고 온도가 35도를 넘을 경우 오후 2~5시 사이 옥외 작업을 중지할 것을 권고하고 있으나, 이는 말 그대로 '권고'에 불과해 작업장이 이를 지킬 의무가 없다. 실제로 민주노총 소속 전국건설노조가 2018년 7월 발표한 조사 결과를 보면 폭염 시 작업 중지를 경험한 적이 있는 노동자는 14.5퍼센트뿐이었다.[40] 작업 중지 권고에 법적 강제성을 부여하자는 논의는 폭염이 가장 심각했던 2018년에 반짝 등장했지만 뜨거운 공기가 물러가자 곧 식어버리고 말았다.[41]

작업 중지 권고를 하루 최고 온도만으로 결정하는 방침도 비판을 받았다. 실제 야외 노동자들이 겪는 열 스트레스는 최고 온도만이 아니라 습도, 의복의 종류, 노동강도 등 다양한 요소의 영향을 받기 때문이다. 이 때문에 많은 국가들이 단지 온도만이 아닌 다양한 공기의 조건을 포괄하는 지표를 활용해 폭염의 위험을 경고해왔다. 습한 여름으로 유명한 일본은 폭염주의보와 예보의 기준으로 최고 온도가 아닌 습구흑구온도Wet Bulb Globe Temperature, WBGT 를 사용한다. 습구흑구온도는 기온에 더하여 공기의 습한 정도와 복사열 지수를 고려하는 것이다. 그래서 같은 온도라도 습한 공기에서 땀이 잘 증발되지 않아 더 덥게 느껴지는 날을 알아내 미리 경고할 수 있다. 독일은 이와 유사하게 바람의 세기와 일사량을 변수로 추가한 인지온도Perceived Temperature, PT를 개발해 사용한다. 국제표준화기구International Organization for Standardization, ISO는 노동강도를 기준으로 체감온도를 더욱 세분화할 것을 제안한다. 글쓰기, 그림 그리기, 바느질처럼 가벼운 작업을 하는 경우는 체감온도가 30도에 이를 때 경고하면 되지만 삽질, 톱질, 대패질, 풀베기, 땅파기, 콘크리트 블록 쌓기처럼 육체적으로 힘든 작업을 하는 사람들을 보호하기 위해서는 더 엄격한 25도 기준을 적용해야 한다는 것이다. 한국 기상청은 2011년까지는 체감온도인 '열지수'를 사용해 폭염특보제를 실시했지만 2012년부터는 국민들이 열지수를 쉽게 이해하기 어렵다는 이유로 최고 온도만으로 폭염을 경고하는 체제를 고수하고 있다. 그 결과 최고 온도만으로 파악되기 어려운 현장의 조건이 폭염 속 노동에 대한 정책에 반영되지 못한다. 2016년 울산대학교 의과대학 연구진이 조선소와 건설 현장의 온도를 다양한 방식으로 측정한 결과에 따르면, 최고 온도가 폭염주의보 기준인 33도에 미치지 못하는 날에도 습구흑구온도는 위험한 수준에 다다르는 경우가 빈번했다. '일터건강을 지키는

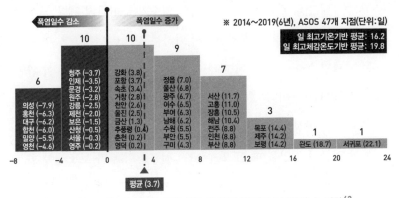

그림 3　체감온도 기준 도입으로 인한 최근 6년간의 폭염특보 기준일 수 변화[42]

직업환경의학과의사회'는 2018년 발표한 '폭염 속 노동자를 위한
의견'에서 섭씨온도와 체감온도의 차이를 보완하기 위해 작업장
에 습구흑구온도계를 비치하고 이를 두시간마다 참고하라고 권
고했다.[43]

다행히 2020년 여름에는 폭염이 예고된 탓인지 폭염 속 노동조
건에 대한 논의가 한걸음 나아갔다. 최고 온도를 기준으로 하는
폭염주의보가 실제 노동자들이 체감하는 더위와 동떨어져 있다
는 비판이 일부 받아들여졌다. 기상청은 2020년부터 공기 중의 습
도를 반영하는 '체감온도'를 기준으로 폭염특보를 내리기로 했
다. 새로운 온도 기준을 적용하면 상대적으로 습도가 낮은 서울
은 0.3일, 대구는 6.2일 정도 폭염 일수가 감소하지만 습도가 높은
울산, 광주, 인천, 부산, 제주는 폭염특보가 발효되는 일수가 크

게 증가해 전국 평균 3.7일 정도 폭염 일수가 늘어나게 된다. 노동자가 폭염이라는 가혹한 조건에서 일하는 것으로 인정받을 수 있는 날짜가 늘어나고, 그에 따라 정부와 사용자가 기울여야 할 관심도 늘어난 것이다. 2020년 10월에는 국가인권위원회가 폭염과 한파 같은 기상 현상으로 인해 작업이 중지되어 건설일용직 노동자의 임금이 줄었을 때 그 일부 또는 전부를 정부가 보조해야 한다는 내용을 담은 권고안을 냈다.[44] 인권위는 국가가 폭염 때문에 발생한 작업 지연으로 인한 임금 손실을 적극적으로 보상해준다면 일용직 노동자들이 임금 감소에 대한 우려로 뜨거운 공기 속에서 무리하게 일하는 상황이 줄어들 것으로 내다보았다. 온도계가 재는 공기와 몸이 느끼는 공기의 차이는 누구나 경험적으로 인지하고 있었지만, 최근의 폭염은 그 차이를 심각한 노동문제와 인권의제로 전환시켰다. 폭염으로 새롭게 생겨난 공기관계는 노사관계와 노정관계를 포함하게 되었다.


## 인간 폭염센서[45]


폭염은 그저 강한 햇빛이나 뜨거운 공기가 아니다. 폭염은 과학자들이 만든 도구로 측정되고 과학자들이 예보하고 분석하지만, 폭염을 살아내는 것은 우리 모두다. 폭염은 몸의 경험이고 삶의 조건이다. 그래서 몸과 삶으로 직접 느끼는 폭염을 기록하는 것은 컴퓨터 시뮬레이션으로 폭염을 연구하는 것 못지않게 중요한 활동이다. 폭염은 과학적 측정의 대상인 동시에 집단적 기억과 사회적 기록의 대상이 된다.

2019년 7월 18일 오후 7시 녹색연합의 회의실에는 한여름 '폭염센서'가 되기를 자청한 각계각층의 시민들이 모였다. 녹색연합, 한겨레신문사, 한국환경정책·평가연구원이 공동으로 기획한 '폭염 시민 모니터링' 프로젝트 설명회가 열리는 날이었다. 뜨거운 공기의 위험을 다룬 통계적 연구들은 폭염이 저소득층, 노인, 야외 노동자에게 더 가혹한 결과를 불러온다는 것을 증명해왔다. 기초생활수급자가 많은 지역에서는 사람이 사망에 이를 수 있는 '임계기온'이 다른 지역에 비해 0.7도 낮다.[46] 생계를 유지하기 위해 뜨거운 공기 속으로 들어가야 하는 농업, 광업, 제조업, 건설업 종사자들에게서 온열질환의 발생률이 높게 나타난다.[47] 하지만 폭염 모니터링을 기획한 한국환경정책·평가연구원의 최영웅 연구원은 취약계층이 실제로 마주하는 공기가 얼마나 더 뜨거운지 정량적으로 측정한 연구는 아직 많이 부족하다고 말했다. 노인이나 저소득층이 얼마나 취약한지에 대한 데이터가 없기에 그에 따른 적절한 정책을 펼 수도 없다는 것이다. 이는 한해 전인 2018년의 폭염 경험이 가르쳐준 교훈이라고 할 수 있다. '폭염 시민 모니터링'은 그동안 짐작은 했지만 아직 공식적으로 인정받지 못한 치명적 공기관계를 드러내려는 시도였다.

폭염의 불균등한 영향을 정량적으로 측정하는 것은 왜 중요할까? 폭염 피해를 줄이는 데 중요한 정책은 기상청이 공표하는 표준 기온에 맞추어 결정된다. 예를 들어 고용노동부는 표준 기온이 35도 이상이 되면 노동자들의 실외 작업을 중지할 것을 권고한다. 하지만 표준 기온이 35도에 이르기 전에도 실제로 사람이 체험하는 뜨거운 공기는 위험할 수 있다. 『한겨레21』 변지민 기자는 자신의 폭염 취재 경험을 토대로 표준 온도의 숫자만으로는 대변되지 않는 현장의 뜨거운 공기를 증언했다. 헬멧을 쓰고 뜨거운 아스팔트 위를 달리는 배달노동자들, 야외에서 뜨거운 용접을 하거나 철근을 다루는 건설노동자들, 불 앞에 장시간 서 있어야 하는 조리노동자들은 훨씬 더 심각한 열기를 체감한다는 것이다. 각양각색의 사람들이 몸으로 느끼는 공기는 폭염 대응책의 대상이 되지 못한다. 몸에 가까운 공기를 측정해서 공식적 온도로는 알 수 없는 위험을 포착하는 일이 중요한 이유다.

연구진의 폭염 모니터링 방식은 간단했다. 모집한 129명의 참가자에게 온도기록계를 나누어준 뒤 3주일 동안 휴대하게 한 것이다. 측정 결과를 통계적으로 분석해서 직업에 따라 상이하게 나타나는 노출 온도를 산출하고 관측소 기온과 비교하는 일은 한국환경정책·평가연구원이 맡았다. 같은 기간 『한겨레21』 기자들이 몇몇 모니터링 요원을 직접 따라다니며 심층 인터뷰를 해서 폭염의 경험을 생생하게 드러내기로 했다. 시민은 움직이는 폭염 센서가 되어 연구진을 뜨겁고, 위험하며, 차별적인 공기 속으로 이끌어주었다.

모니터링단은 교사부터 농민, 건설노동자, 시민단체 활동가까지 다양한 직군과 배경의 시민들로 구성됐다. 모니터링단이 다양할수록 뜨거운 공기가 사람과 직업에 따라 다르게 체험되는 것을 드러낼 수 있다. 연구진은 이들이 모니터링 기간 동안 지니고 다닐 온도계로 주로 냉장창고 같은 시설에서 온도를 측정하는 모델을 골랐다. 해당 모델은 고급형 온도계만큼 정확하지는 않지만 목에 걸 수 있을 만큼 가볍고 배터리가 오래가며 조작도 쉬웠다. 대량으로 구매하면 개당 1만원 정도로 저렴해서 1백명이 넘는 모니터링단에게 나누어주기에도 적당했다. 녹색연합 황인철 팀장은 시민들이 목에 온도계를 걸고서 측정할 데이터의 중요성을 힘주어 말했다. 보통은 주변의 온도계가 나타내는 온도를 혼자 확인하고 넘어가지만 '폭염 시민 모니터링'이 만들 데이터는 연구자들을 통해서 정책으로 제안될 수도 있고, 언론 보도를 통해 사회를 바꾸는 힘이 될 수도 있다는 것이었다.

작은 온도계로 사회를 바꾸는 데이터를 생산하기 위해서는 모니터링에 참여하는 시민들이 사소하지만 중요한 수칙들을 엄격하게 지켜야 했다. 오리엔테이션을 맡은 황인철 팀장은 참가자들에게 주의사항을 전달했다. 우선 온도계를 주머니에 넣지 않고 목에 거는 것이 중요했다. 폭염 중에는 신체 온도 36.5도보다 주변의 공기가 더 더운 경우가 많기 때문에 온도계를 밖으로 노출시켜야 체감온도를 측정할 수 있다는 것이었다. 폭염센서로 나선 모니터링 요원들의 질문이 이어졌다. 더위가 심할 때 쓰는 양산을 모니터링 기간에도 쓸 수 있느냐는 한 요원의 질문에 연구진은 모니터링이 실제 경험하는 폭염을 측정하기 위한 것이니 "일상적인 본인의 생활을 그대로 하시면 된다"고 답했다. 일을 쉬는 날에는 어떻게 하느냐는 질문에는 평소처럼 온도계를 착용하는 것이 좋다는 답변이 나왔다. 집안에서 측정되는 온도도 시민들이 체감하는 열대야의 수준을 파악하는 근거가 되기 때문이다. 이런 준비를 통해 연구진은 129명에게 온도기록계를 배포해서 총 82명의 데이터를 얻었다. 온도계가 회수되지 않은 경우도 있었고, 모니터링 요원이 일터에 온도계를 걸고 가지 않아 유효한 데이터를 얻지 못한 경우도 있었다.

82개의 온도계는 예상할 수 있었던, 하지만 여전히 놀라운 데이터를 모아주었다. 모니터링 결과로 나온 보고서 『시민 참여를 통한 사회·경제적 환경 여건별 폭염 체감 영향 분석』을 보면, 예상대로 실외 노동자들은 실내 노동자에 비해 훨씬 높은 수준의 폭염에 시달리고 있었다. 택배기사 A씨의 여름을 7월 22일부터 8월 8일까지 기록한 온도계는 그가 업무시간 중 평균 36도의 고온에 노출되어 있었음을 알려주었다. A씨가 일하는 곳에서 가까운 기상청 관측소의 평균 기온인 29.55도보다 6.46도나 높았다. 평균 온도가 아니라 순간 온도를 비교하면 관측소 온도와 시민 체험 온도의 차이는 더욱 컸다. 2019년 7월 26일 오후 3시에 A씨가 체감한 온도는 40도를 훌쩍 넘어서 주변 관측소 기온보다 13.55도나 높았다. 이외에도 A씨가 휴대한 온도계가 관측소 온도보다 10도 이상 높은 구간이 14개였다. 관측소 온도가 더 높은 경우는 세시간뿐이었다. 배달노동자들이 기상청의 공식 온도보다 훨씬 가혹한 조건을 견뎌내고 있다는 사실이 수치로 드러났다.[48]

건설업 종사자 C씨는 작업의 종류에 따라 폭염을 겪는 정도가 달랐다. C씨가 휴대한 온도기록계는 대체로 일터에서 가까운 636 관측소와 비슷한 수치를 나타냈다. 하지만 8월 1일 12시에 C씨의 온도계는 50도를 넘겨 당시 관측소의 기온보다 21도나 높았다. 연구진이 심층 인터뷰를 해보니 건설노동자들은 달구어진 철근 위로 올라서거나 용접 등의 작업을 할 때 매우 높은 온도를 경험한다는 점을 알 수 있었다. 모두가 똑같이 뜨거운 공기 속에 있는 것 같아도 어디에서 어떤 일을 하는지에 따라 훨씬 높은 위험에 처할 수 있다는 사실이 시민과 연구진이 함께 만든 그래프에 고스란히 담겼다.

시민을 센서로 삼은 폭염과학 연구는 대단하게 느껴지기도 하고 답답하게 느껴지기도 한다. 답답한 것은 누구나 몸의 경험으로 알고 있는 결론에 이렇게 힘들게 도달해야 하기 때문이다. '오늘 최고기온 38도'는 어떤 이에게는 잠깐의 불편으로 지나가고 누군가에게는 생사를 가르는 열기로 작용한다. 이 당연한 사실을 수십명이 온도계를 목에 걸고 다니며 증명하느라 고생했다. 대단한 것은, 수많은 노동자가 몸으로 느끼고 호소하던 것이 숫자와 그래프에 실려 더 큰 힘을 가지게 되었기 때문이다. 폭염과학은 폭염 속에서 쓰러질 수도 있는 사람의 목소리가 되어준다. 데이터를 정리한 연구진은 힘들게 얻은 폭염지식을 행동으로 전환할 것을 촉구했다. "이번 연구를 통해서 동일한 기온에서도 일터의 환경에 따라 노동자가 실제로 체감하는 폭염은 다른 것을 확인했다. (…) 동일한 온도라도 대상자의 근로 환경 및 신체적 조건에 따라 폭염의 영향이 다르다는 것을 의미하며, 직업 및 신체적 조건 등을 고려한 대응이 필요함을 시사한다."[49]


## 광화문 광장의 폭염과학


2020년 8월 6일 새벽 4시, 해도 채 뜨지 않은 시각 서울 중구 뉴국제호텔 로비가 기상학자들의 발걸음으로 부산해졌다. 한국외대, 유니스트, 공주대 등 9개 기관에서 모인 기상학자들이 각자 가져온 측정장비들을 나르고 점검했다. 1년에 한번 실시되는 '빌딩숲 집중 기상관측 실험'Building Block Three-Dimensional Urban Meteorological

그림 4  광화문 광장에 설치된 초음파 풍향풍속계

Experiment, BBMEX 캠페인이 있는 날이었다. 연구자들은 기상대에서 나 볼 법한 특이한 모양의 기계들을 가져다가 광화문 광장 구석구석에 설치했다. 온도와 습도를 매초마다 측정해 서버로 전송하는 자동 기상측정기, 폭염 시 체감온도를 산정하는 흑구온도계, 소리가 공기 중으로 전파되는 속도를 측정해 바람의 빠르기와 방향을 계산하는 초음파 풍향풍속계가 청계천 다리, 코리아나호텔, 세종대왕 동상 근처에 놓였다. 광화문 광장을 내려다보는 KT 본사 건물 창문과 옥상에는 공기가 데워지는 양상을 입체적으로 관찰하는 열적외선 카메라가 자리를 잡았다. 보행자의 키 높이에서 도심 공기환경을 측정하기 위한 카트형과 차량형 관측기들은 광장 인근 주차장에서 정비를 마쳤다. 각종 측정기가 인도, 도로, 건물에 설치된 광화문 광장은 도심의 폭염 양상을 파악하기 위한 야외 실험장이 되었다.

이날 동원된 40여대의 센서는 광화문 근처의 공기를 입체적으로 측정해서 시민이 체감하는 더위의 정도를 알려주는 역할을 맡았다. 택배기사와 건설노동자가 공식 발표 수치보다 훨씬 높은 온도를 경험하는 것처럼, 도심을 걸어가는 시민이 느끼는 더위와 기상청 공식 온도 사이에도 차이가 있다. 보행자가 도심에서 체감하는 더위는 같은 기상조건의 녹지에 있을 때보다 더 심한 경우가 많다. 에어컨 실외기가 뿜는 열풍, 건물 벽에서 반사되는 광선, 아스팔트가 머금은 열기의 영향 때문이다. 특히 광화문처럼 고층 빌딩이 많은 공간에서는 뜨거운 공기가 밖으로 빠져나가지 못하고 정체되는 '열섬 현상'이 발생할 가능성이 높다. 그러나 광화문 광장의 공기를 법적·행정적으로 대표하는 공식 측정값은 작은 단위의 기상 현상을 반영하지 못한다. 서울기술연구원의 2019년 보고서에 따르면 폭염이 있는 날 종로구 경희궁 근처인 기상청 서울관측소에서 측정하는 서울의 공식 온도는 광화문 광장 한가운데보다 최대 2도 정도 낮다. 그래서 공식 측정 기록만 가지고는 도심 속 폭염의 심각성을 추정하거나 폭염을 예방하기가 어렵다.[50] BBMEX처럼 도심을 집중적으로 측정하면 공식적 공기기록과 시민이 실제로 마주하는 공기 사이의 간극을 줄여서 폭염을 더 세심하게 관리할 수 있다.

폭염 측정을 준비하던 연구진 위로 빗방울이 떨어졌다. 2019년에 이어 두번째로 이 캠페인을 이끌고 있던 한국외대 대기환경연구센터 박문수 센터장(현 세종대 기후환경융합학과 교수)의 표정이 어두워졌다. 2020년 여름에는 미국 해양대기청 등 여러 기상기구들이 2018년에 버금가는 역대급 폭염을 예고한 터라 한국 연구진도 좋은 데이터를 수집하기 위해 단단히 준비해왔다. 여러곳에서 섭외된 고가의 측정기기들은 이미 광화문 여기저기에 설치되어 햇빛이 비치기만을 기다리고 있었다. 하지만 역대급 폭염 대신 연구진이 맞이한 것은 8월 중순까지 계속된 역대급 장마였다. "이래서 기상과학이 어려워요. 실험실처럼 마음대로 되는 게 아니야." 박문수 박사는 곤란한 표정으로 10분에 한번 갱신되는 기상청 강수량 예보를 스마트폰으로 들여다보았다.

그렇게 몇시간이 지나 아침 9시가 되자 장맛비가 그치고 구름 사이로 해가 비쳤다. 초조하게 창밖을 내다보던 연구진의 얼굴도 밝아졌다. 비록 연구에 최적인 폭염 상황은 아니지만 연구진은 실험계획을 조금 수정해서 비를 맞아 식은 도심 공간이 뜨거운 빛을 받았을 때 얼마나 빠르게 데워지는지 측정하기로 했다. 언제 다시 비가 쏟아질지 모르는 상황에서 박문수 박사는 두시간에 한번씩 하려고 계획한 카트 측정을 한시간에 한번씩 하기로 변경했다. 데이터를 모으고 정리하는 연구진의 손놀림이 바빠졌다.

박문수 박사 팀이 직접 만든 측정 카트는 온도, 습도, 바람 세기를 1초에 한번씩 측정하는 센서가 지표면, 50센티미터, 150센티미터, 250센티미터 높이에 달린 손수레 모양의 장비다. 이 카트를 광화문 곳곳으로 밀고 다니면 시민들이 직접 들이마시는 공기의 환경을 측정할 수 있다. "더운 날에 도시 공간에서는 높이별로 온도가 다르죠. 기상청이 36도라고 하는 날에 아스팔트 바닥 온도는 50도가 넘어가는 날도 있어요." 센서를 구동하는 배터리에 빗방울이 들어가지 않도록 방수 처리를 하던 한국외대 연구원이 카트 측정의 목적을 설명했다. "더운 날에 엄마랑 아이가 같이 걸어가면서 아기가 '엄마 더워요'라고 해도 엄마는 몰라요. 자기는 안 더우니까." 엄마가 정말 그걸 모르는지는 확인하기 어렵겠지만, 도심 속 폭염을 헤쳐나가는 사람들이 처한 다양한 조건을 인정하고 그들의 권리를 대변하려는 의도만큼은 이해할 수 있었다. 카트에 실려 광장을 오가는 센서들은 아이와 엄마를 대신해서 서울 도심의 폭염이 과연 견딜 만한 것인지 판단해줄 것이었다.

연구진은 센서 카트를 밀면서 종로와 청계천 곳곳을 지나는 3킬로미터 정도의 코스를 40여분에 걸쳐서 이동했다. 아무리 비가 내려서 날이 시원했다고 해도 한여름날에 150킬로그램 무게의 카트를 수십분 동안 미는 일은 상당히 힘들었다. 폭염이 정점일 때 같은 실험을 진행한 2019년에는 체력 소모가 훨씬 심했다. 한 연구원은 2019년에 "도심 한가운데에서 사우나를 하는 것 같은"

그림 5 측정 카트를 밀며 광화문 일대의 기상정보를 모으는 박문수 박사 팀

기분으로 카트를 밀었다고 회고했다. 실험을 하고 나니 몸무게가 3킬로그램 줄었다. 시민 폭염센서 프로젝트 때도 그랬지만, 폭염을 측정하기 위해서는 누군가 폭염 안으로 들어가야만 했다.

카트의 '시작' 버튼을 눌러 센서가 제대로 동작하는 것을 확인한 뒤 본격적인 측정에 나섰다. 연구진은 실험의 베이스캠프 역할을 하는 서울도시건축전시관 앞에서 출발하여 서울시청 방향으로 길을 건넌 후 청계천을 따라 4백여 미터를 걸었다. 햇빛이 직접 내리쬐는 세종대로에서 물이 흐르는 청계로로 들어서니 좀 더 습하지만 시원한 공기를 느낄 수 있었다. 박문수 박사는 청계천 변에서 측정한 데이터와 세종대로의 데이터를 비교해서 도심 내 물길이 폭염 저감에 미치는 영향을 정량적으로 평가할 계획이라고 말했다. 광장 건너편 나무가 우거진 새문안로에서 측정한 데이터는 가로수의 폭염 저감 효과를 측정하는 데 사용될 수 있다고 했다. 물길과 가로수가 도시 공기에 미치는 영향을 정확히 파악하면 공간의 성격에 따라 어떤 폭염 저감 정책이 가장 효과적일지도 예상해볼 수 있다.

세종대로로 돌아온 카트는 광화문우체국을 끼고 돈 다음 종로를 따라 또 4백여 미터를 움직였다. 마스크를 쓰고 택배 상자를 옮기는 우체국 사람들, 점심을 먹고 커피를 마시러 내려온 회사원들, 햄버거를 먹기 위해 줄을 선 사람들이 낯선 기계에 호기심 어린 시선을 던졌다. 대기하는 연구진에게 다가와 무슨 실험을 하는 중인지 묻는 사람들도 있었다. 근처를 지나던 한 환경운동가는 주로 정치의 공간이었던 광화문 광장이 과학의 공간이 된 것을 신기해했다. 남아프리카공화국에서 온 컴퓨터 시스템 개발자는 처음 보는 기상관측 장비가 데이터를 어떤 리듬과 형식으로 모으는지 질문했다. 간간이 들어오는 질문에 대답하던 박문수 박사는 이런 관심을 "광화문이 주는 힘"이라고 말했다. "다른 곳에 서라면 이런 관심을 받을 수가 없어요. 광화문이니까 관심을 받지." 하고 싶은 말이 많은 사람들이 굳이 광화문에 모이는 이유는 과학과 과학자들에게도 적용되고 있었다. 광화문의 공기는 도

그림 6　광화문 일대에 설치된 사물인터넷(IoT) 기상센서

심의 폭염 상태를 과학적으로 대표하는 역할을 했고, 과학자들은 광화문에서 공기를 연구함으로써 폭염과학에 대한 공동체의 관심을 호소했다.

　이 연구진이 2019년 BBMEX에서 땀 흘리며 알아낸 사실은 2020년에 국제 학술지 『대기』*Atmosphere*지에 실렸다. 같은 도시 안에서도 일조 조건, 건물의 높이, 음영, 흐르는 물의 유무에 따라 온도 차이가 컸다. 가령 오후 4시 광화문 사거리 횡단보도 위의 표면 온도와 세종대로 가로수 옆의 표면 온도는 20도나 차이가 났다. 나무가 뜨거운 공기의 위험을 줄여주고 있었다. 또 건물 표면적이 넓은 KT 빌딩 앞 온도는 건물 크기가 작은 세종대로 건너편 기온보다 2도 높았다. 나무숲이 아닌 건물숲은 도심의 열섬 현상을 심화시키고 있었다. 공식 최고 온도 숫자 하나가 다양한 몸이 겪는 더위를 다 표현할 수 없듯이, BBMEX 데이터는 건물, 도로, 나무, 물 사정에 따라 도시 곳곳이 폭염을 다르게 겪는다는 사실을 보여주었다. 연구진은 논문에서 "BBMEX 데이터는 건물 배열의 최상의 방향, 빌딩숲의 열 스트레스를 최소화하기 위한 도로의 종횡비, 폭염 완화 시설의 유형, 갯수 및 위치를 결정하는 지침을 제공할 수 있다"고 서술했다.[51] 이런 지식이 쌓여 도시와 공기와 인간의 관계에 대한 이해가 깊어지면 그 공기관계를 재편하는 시도도 가능해진다.


## 바람이 불어오는 곳


2019년 10월 30일 대구문화예술회관 달구벌홀에서 개최된 제4회 대구 공원녹지포럼에는 폭염이 장기화될 대구의 도시계획을 고민하는 사람들이 모였다.[52] 이날 주제 발표를 맡은 경북대 엄정희 교수는 그가 2019년 4월부터 8월까지 개발한 대구시 바람길숲 기본계획을 발표했다. 바람길숲은 도시 외곽 산림과 도시 내부에 산재된 숲들을 연결하는 도시숲을 말한다. 도시 외곽 산림에서 만들어지는 차고 신선한 공기는 계곡, 하천, 도로를 따라 도심으로 유입된다. 이 바람은 보통 초속 2미터를 넘지 않는 미풍에 불과하지만 폭염이 심각한 여름철에는 열대야와 열섬 현상을 완화하는 데 중요한 역할을 할 수 있다. 자연적으로 만들어지는 찬 바람을 잘 활용하기 위해서는 외곽의 공기를 도심까지 유통시킬 수 있는 바람길이 필요하다. 차가운 공기의 위치와 이동 방향을 고려해 조성한 가로수길, 공원, 하천 변의 녹지는 빌딩숲 사이로 신선한 공기를 불어넣는 모세혈관처럼 작동할 수 있다. 엄정희 교수는 난지도쓰레기매립장의 악취를 해결하는 방법을 고민하던 1999년부터 바람길에 관심을 가졌고, 녹지계획에 바람길 분석을 활용하는 연구를 시작했다.

바람길숲을 계획하기 위해 엄정희 교수 팀은 산림 및 공원 정보를 사용해 대구시의 녹지를 산림청이 제시한 바람길숲의 유형에 따라 분류했다. 도시 외곽에서 찬 공기를 만드는 '바람 생성숲', 이 공기를 도심으로 전달하는 '연결숲', 도심에서 찬 공기를 확산하는 '디딤·확산숲' 등이 있다. 이렇게 만든 바람길숲 현황은 보전하고 보완해야 할 녹지 공간을 계획하는 기초 자료가 된다. 찬 공기의 흐름을 파악하기 위해 시뮬레이션도 사용된다. 대구시의 토지 피복 자료와 지형 자료를 찬 공기 특성 분석 모형에 집어넣어 계산하면 대구 시내의 찬 공기가 어디에서 만들어져 어디로 흐르는지를 한눈에 볼 수 있게 된다. 도시공학자들이 시뮬레이션, 인구통계, 경제지표를 활용해 도로의 교통량을 예측하는 것처럼, 엄정희 교수 팀은 찬 공기의 생성량을 예측하고, 흐름을 모사하고, 지표면의 마찰을 고려해서 공기의 유통량을 계산한다. 신선한 공기가 드나드는 '바람 통로'가 어디인지, 그 유입을 가로막는 구조가 무엇인지, 도시설계를 어떻게 변경하면 더 원활한 공기유통이 가능한지도 실험해볼 수 있다. 바람길숲 분석과 찬 공기 시뮬레이션은 바람을 도시계획의 영역 안으로 불러들인다.

엄정희 교수 팀의 연구에 따르면, 대구시 주변에는 시원한 바람을 만드는 산림이 많이 있지만 도시설계의 문제 때문에 찬 공기가 도심까지 공급되지 못하고 있다. 대구뿐만 아니라 한국의 많은 도시들이 공유하는 공기문제다. 대구시 중부권의 경우 시 외곽의 찬 바람이 주요 하천인 신천을 통해 흐르지만 이 공기는 주변의 빽빽한 건물들 때문에 도심 곳곳에까지 이르지 못한다. 공기흐름에 대한 고려 없이 마구 지어진 인공물들이 숨쉬지 못하는 도시를 만든 셈이었다. 대규모 공장들이 위치한 서부의 문제는 더욱 심각했다. 예컨대 대구염색일반산업단지는 많은 열과 미세먼지를 발생시켜 대기 환경이 취약한데, 주변에서 신선한 공기가 흘러들어갈 연결숲이 부족해서 폐열이 도심에 쌓이는 열섬 현상이 발생하고 있었다. 새 개발계획으로 공기가 더욱 고립될 우려가 있는 곳도 있었다. 2025년까지 개발되는 동북부의 신도시인 '수성의료지구'는 생성숲과 디딤·확산숲 사이에 있어서 이 지역의 찬 공기 이동을 저해할 가능성이 컸다. 대구의 공기흐름을 분석한 엄정희 교수 팀은 도시의 숨통이 트이게 할 바람길 계획을 제안했다. 우선 바람길이 막혀 있는 도심지역은 신천의 공기흐름을 도심 곳곳으로 확산시킬 숲을 조성하거나 인공지반 녹화가 필요하다. 녹지가 절대적으로 부족한 공단지역에는 더 상세한 바람길 분석을 바탕으로 연결숲을 조성해야 한다. 수성지구의 경우 신도시 계획 단계부터 바람길숲을 포함시켜 바람을 만들고 머금는 숲들이 서로 이어지도록 보장해야 한다고 보았다.[53]

대구의 바람길숲에 영감을 준 것은 독일 슈투트가르트시의 도시계획 사례다. 오랜 공업지대이면서 대구처럼 산으로 둘러싸인 분지인 슈투트가르트는 뜨겁고 오염된 공기가 도심부에 지속적으로 누적되는 현상을 겪어왔다. 공기위험의 심각성을 인지한 슈투트가르트는 1960년대부터 주변 산림에서 신선하고 차가운 공기를 도심으로 끌어들이기 위한 바람길 정책을 선도적으로 개발했다. 1990년대부터는 도시 외곽 산림에서 경사를 타고 흐르는 찬 공기를 수치적으로 모사하는 시뮬레이션 모델을 독자적으로 개발하기까지 했다. 이번에 엄정희 교수 팀이 모사한 대구시의 바람 흐름도 슈투트가르트에서 사용된 프로그램을 통해 얻은 것이다. 도시 내 공기흐름을 파악하려는 슈투트가르트의 노력은 기후위기를 맞아 더욱 정교해지고 있다. 슈투트가르트시는 찬 공기의 흐름은 물론 지표면 온도, 풍속, 인공위성 사진으로 파악한 녹지 분포 자료를 종합하여 만든 '기후 분석 지도'를 작성해 배포한다. 슈투트가르트의 도시계획 부서와 기후변화 대응 부서는 이러한 지도를 사용해 도심에 새로운 건축물이 들어서면 공기흐름에 어떠한 영향을 미치는지 미리 파악할 수 있다.[54]

　대기과학자가 밝혀낸 찬 공기 흐름을 도시 경관에 반영하기 위해서는 도시계획자와 정책 전문가의 노력이 필요하다. 공기과학만큼이나 세심한 공기정책이다. 슈투트가르트시는 우선 차갑고 신선한 공기를 만드는 도심 주변 언덕에는 새로운 건축을 불허하고 녹지 보전을 우선시한다. 도시 중심부로 향하는 주요 바람길에는 건축물의 높이를 5층으로 제한하고 건물 사이를 3미터 이상 띄우도록 했다. 바람 통로로 작동하는 도로나 공원은 너비를 1백미터 이상으로 널찍하게 한다.[55] 공기시뮬레이션 결과 바람의 소통을 위해 새로 들어설 건물의 높이나 구조를 제한해야 한다면 시가 나서서 건물주에게 손해에 따른 배상금을 지원하기도 한다.[56] 슈투트가르트가 도심 전체를 알파벳 U자로 휘감는 거대한 바람길을 확보할 수 있었던 것은 공기과학을 도시계획의 중요한 요소로 활용하고 이를 엄격하게 집행한 도시 관리자들의 노력과 의지 덕분이다. 슈투트가르트의 녹지정책은 공기과학과 공기정책이 호응해서 도시의 앎과 삶을 성공적으로 연결해낸 사례다.

　슈투트가르트 이야기는 한국에서 점점 더 주목받고 있다. 산림청이 2022년까지 총 17개 도시에 3400억원을 들여 바람길숲을 조성한다는 계획을 발표하면서 슈투트가르트가 대표적인 사례로 회자됐기 때문이다. 이 성공담에서 슈투트가르트의 바람길숲은 폭염 저감에 도움이 될 뿐만 아니라 우리가 기후변화에 대처하는 데도 큰 역할을 수행하고 대기오염까지 정화하는 다재다능한 조경시설로 그려진다. 하지만 전국 각지에서 시행되는 바람길숲이 모두 이와 같은 효과를 만들어낼 수 있는지는 의문이다. 축적된 공기지식과 제도의 뒷받침 없이 급하게 추진되는 조경사업은 도시 공간과 바람을 바꿀 만큼 세심하게 설계될 수 없다. 바람길숲 사업이 나무의 수를 늘리는 것 이상을 성취하려면 도시 공간에 대한 더 깊은 이해를 지닌 공기과학과 공기정치가 동시에 필요하다.

엄정희 교수는 찬 공기 시뮬레이션의 효과를 검증하기 위해 도시의 공기흐름을 장기간에 걸쳐 측정하는 활동이 한국에서는 부족하다고 지적한다. 바람 통로 곳곳에 설치된 센서를 통해 찬 공기의 통행을 확인하는 관측 자료가 축적된다면 시뮬레이션에 대한 더 높은 신뢰를 바탕으로 도시계획이 이루어질 수 있게 된다. 공기정치의 측면에서는 공기과학이 알아낸 지식을 도시계획에 반영하도록 하는 법적·제도적 장치가 필요하다. 2019년 발간된 보고서 『자연재해·재난 대응을 위한 탄력적 도시설계 연구』에서 건축도시공간연구소(현 건축공간연구원)의 연구자들은 앞으로 모든 수준의 공간계획에서 바람 통로를 고려하도록 유도하는 공기정책이 필요하다고 주장했다. 도시계획을 허가하는 위원회들이 각종 개발을 결정하기 전에 개별 건축물 수준, 지구 수준, 도시 수준에서 뜨거운 공기에 대비하도록 법과 제도를 설계해야 한다는 것이다. 구체적으로 연구진은 지구 단위의 도시계획이 폭염의 가능성을 충분히 감안해 이루어지도록 국토교통부 지침을 개정하는 방안을 제시했다. 바람길숲의 공기과학과 공기정치의 토대 위에서만 도시의 숨을 통하게 만들 수 있다.

공기과학과 공기정치는 궁극적으로 도시에서 녹지가 담당하는 역할에 대한 인식의 전환을 요청한다. 토지의 경제적 활용이 가장 중요했던 지금까지의 도시계획에서 공원이나 도시림은 늘 도로와 건물에 자리를 비켜주었다. 녹지는 도시의 미관이나 레저를 위한 주변 공간이었고, 있으면 좋지만 없어도 그럭저럭 살 수 있는 부차적 공간이었다. 그러나 뜨거운 공기의 관리와 순환이 생존의 문제가 된 도시에서 녹지는 핵심 인프라이자 피난시설이 된다. 언제 찾아와도 이상하지 않은 고온 현상을 대비하기 위해 우리는 이제 건물이 들어설 자리를 바람 통로에 양보해야 한다.


## 바람이 닿지 않는 곳


데이터와 시뮬레이션으로 설계된 도심 바람길을 따라 흐르는 시원한 공기가 모든 곳에 가 닿을 수 있는 것은 아니다. 신축 건물 높이와 설계를 규제하고 녹지를 이어 길을 내더라도 긴 시간 켜

켜이 누적된 거대도시의 구조는 끝내 바람은 갈 수 없고 열기만 들어가 쌓이는 구석진 공간들을 만들어냈다. "살아서 들어가는 관棺"이라 불리는 쪽방촌이 그런 공간이다.[57]

쪽방촌에는 문이 많다. 좁은 문을 열어 집안으로 들어가면 복도에 또 문들이 늘어서 있다. 다닥다닥 붙은 문 뒤는 한평 남짓한 방이다. 볕이 들지 않아 낮에도 밤처럼 어두운 복도에는 곰팡이가 슬어 있다. 화장실과 부엌은 건물에 하나, 상황이 나은 곳에는 층마다 하나씩 있지만 그마저도 좁고 냄새가 난다. 당연히 공기도 잘 돌지 않는다. 창문이 없어 공기가 지나다닐 길이라고는 복도로 난 문이 전부인데, 여름에는 화장실 지린내가 풍겨온다. 문을 닫으면 공기가 안 통하고 열면 지독한 냄새가 나니 진퇴양난이다. 단열과 환기가 잘 되지 않아 여름이면 후끈 달아오르고, 그래서 폭염 때면 온열질환자가 속출한다. 보건과학자 황승식 교수 팀이 분석한 자료에 따르면 2013년부터 2017년까지 국내 전체 온열질환 사망자 196명 중 138명(70.4퍼센트)이 65세 이상 노인이었다.[58] 2019년 기준으로 서울시 쪽방촌 거주자의 3분의 1 정도가 65세 이상 1인 가구 노인이라는 점을 고려하면, 쪽방촌 거주자의 상당수가 폭염이 닥칠 때마다 온열질환에 시달리고 있음을 짐작할 수 있다.[59]

서울역 근처 동자동 쪽방촌 강제퇴거 사건을 5년간 취재한 이문영 기자는 쪽방촌을 한국 근현대사의 가난이 모이고 고인 곳으로 본다.[60] 산업화와 도시화가 급속히 이루어진 1960년대에 생긴 역세권 여인숙은 지역에서 온 노동자와 도시빈민의 값싼 주거지 역할을 했다. 그러다가 도시가 재개발되고 산업 환경이 바뀌면서 손님을 잃자 여인숙과 인근 집창촌이 쪽방 사업으로 방향을 틀었다. 방을 한평 남짓하게 '쪽'을 지어 잘게 나눈 뒤 목돈이 없는 사람들이 보증금 없이 월세나 일세를 내면 머물 수 있도록 한 것이다. 그렇게 쪽방이 탄생했다. 역에 머물던 지하철 노숙인도 거리 노숙에서 벗어나고자 쪽방촌을 찾았다. 쪽방은 갈 곳 없는 이들이 몸을 누일 수 있는 마지노선의 '집'이었다. 2019년 기준으로 서울역 인근 쪽방 건물 70채에 1328개의 방이 있고 1158명이 산다. 주거민들은 평균 월세 22만원을 내며, 70퍼센트 이상이 기초생활수급자다. 2020년 기준 52만 7158원의 기초생활수급비 중 절반가량이 월세로 빠지는 것이다. 그러다보니 이들은 목돈을 모으기가 쉽지 않아 보증금을 내야 하는 더 좋은 방으로 옮기지 못하고 계속 쪽방에 머무른다.[61]

가난이 고인 곳에 열기도 고인다. 여름이 되면 도시의 표면을 이루고 있는 아스팔트와 콘크리트가 열을 흡수한다. 뜨거운 도심 속에서 고층 빌딩 안의 사람들은 에어컨으로 차가운 공기를 만들어 살아남지만, 그 밑에 고여 있는 쪽방 사람들은 꼼짝없이 몸으로 열기를 견딜 수밖에 없다. 방에 창문이 없어서 공기가 잘 통하지 않고, 에어컨도 없다. 에어컨은 비싸고 전기세도 많이 나와 쪽방촌 주민들에게 부담스러운 가전제품이다. 건물이 파손될 것을 우려하는 집주인이 에어컨 설치를 반대하는 경우도 있다. 낮에 데워진 건물은 밤에도 식지 않는다. 여름이 되면 이런저런 기업에서 나와 냉수와 선풍기를 기부하지만, 냉장고가 없는 방에서 냉수는 곧 미지근해지고 선풍기에선 더운 바람만 윙윙 나온다. 방마다 질식할 것 같은 더운 공기가 틀어박혀 있다.

2020년 내내 지속된 코로나19 사태는 문제를 더 어렵게 만들었다. 2020년 여름에는 취약계층 폭염정책보다 감염병정책이 우선순위를 차지했다. 폭염 취약계층이 에어컨 바람을 쐬기 위해 찾던 실내 무더위 쉼터는 거리두기 지침이 지켜지기 힘들다는 이유로 폐쇄되곤 했다. 온열질환을 예방하는 기계였던 에어컨은 바이러스를 퍼뜨리는 애물단지가 됐다. 대안으로 실외 무더위 쉼터가 생기기는 했지만, 집안보다 조금 나은 정도이고 그마저도 오후 6시 이후에는 문을 잘 열지 않는다. 날이 맑을 때는 그늘에라도 찾아갈 수 있지만 2020년 여름엔 긴 장마가 이어졌다. 코로나19와 장마로 일용직 일거리가 끊긴 상황은 하루 벌어 하루 먹고 사는 쪽방촌 사람들을 더 힘들게 했다. 엎친 데 덮친 격으로 무료급식소마저 줄었다. 코로나19는 쪽방촌 사람들이 잠시나마 폭염을 피할 수 있는 경로를 막아버렸다. 가난이란 뜨거운 공기로부터 도망칠 수 없는 상태다.

도시에 바람길을 내듯 폭염을 견딜 수 있도록 쪽방촌을 재설계할 수는 없을까? 한평(3.3제곱미터) 남짓한 방을 국토교통부가 정의하는 최저 주거기준인 1인당 4.2평(14제곱미터)가량으로 넓히고, 창문을 달고, 적절한 취사실, 세면실, 화장실을 마련하는 것부터 시작하면 된다. 대기환경과학자와 도시과학자가 쪽방촌에 센서를 수백개 달아 데이터를 모으고 시뮬레이션을 돌리는 거창한 과학이 필요한 문제는 아니다. 법이 정하는 기준을 쪽방촌에도 적용할 수 있느냐의 문제인 것이다. 그러나 현 상황에서 공공 정책의 힘만으로 쪽방촌을 개선하는 길은 요원해 보인다. 2021년 2월 국토교통부가 서울역 인근 쪽방촌을 공공주택사업으로 정비하겠다는 계획을 발표하자, 그 구역 지주와 건물주들이 거세게 반발했다. 정부가 토지 소유자에게 정당한 보상을 하겠다고 밝혔지만, 토지주와 건물주로 구성된 후암특별계획 1구역(동자) 준비 추진위원회는 정부 발표가 "사유재산권을 박탈하고 토지·건물주를 개발 행위 결정에서 완전히 배제한 것"이라며 반대 입장을 고수했다.[62] 서울 소재 쪽방촌을 전수 조사한 『한국일보』 이혜미 기자의 표현을 빌리자면, 이는 쪽방이 투자의 대상, "빈곤 비즈니스"의 사업 아이템이 되었기 때문이다.[63] 법망을 피해 현금을 계속 벌어들일 수 있는 쪽방에서 빈곤은 고착되고 폭염의 공기도 정체된다.

2021년 1월과 2월에 걸쳐 서울역 노숙인 시설에서 집단감염이 발생하자 참여연대 사회복지위원회는 「주거권 보장이 홈리스에 대한 코로나19 방역대책이다」라는 성명을 발표했다. 적절한 위생시설이 없고 거리두기가 불가능한 밀집 시설 대신 노숙인들이 머물 수 있는 독립적인 응급 주거시설을 마련해야 이들에게 코로나19 피해가 집중되는 것을 막을 수 있다는 내용이었다.[64] 우리는 이 말을 폭염에도 적용할 수 있다. "주거권 보장이 쪽방촌 주민에 대한 폭염대책이다." 쪽방에 창문을 마련하고 독립적인 화장실, 세면장, 취사실을 갖추도록 개선하는 것, 그래서 차가운 공기를 공급하지는 못하더라도 방에 고여 있는 뜨거운 공기는 뺄 수 있도록 하는 것. 이것은 쪽방에 갇힌 채 각자도생을 모색할 형편도 되지 않는 사람들의 공기를 공동체의 공기로 순환시키는 일이다.

## 인수 공통 폭염

바람이 드나들지 못하는 공간은 동물의 목도 조이고 있다. 동물용 축사는 바람길을 넣지 못한 채 급하게 지은 도시와 비슷하고, 창문 없는 공간을 빼곡하게 이어 붙여놓은 쪽방촌과 비슷하다. 도시의 열기가 쪽방촌으로 흘러 고이듯이 들판의 열기는 축사 안으로 흘러들어 쌓인다. 쪽방촌과 축사에는 공기를 스스로 선택하고 통제할 수 없는 존재들이 폭염 속에 살다가 죽는다. 다른 점이 있다면 쪽방촌 주민들은 주거 환경을 바꿔달라고 요구라도 해볼 수 있지만 축사 속 동물은 그럴 수 없다는 것이다. 인간이 만든 축사에 갇힌 동물은 공기관계를 스스로 설정할 수 없다. 축사 속 뜨거운 공기의 위험에 대한 지식이 인간에게 있기는 하지만, 그 지식이 곧바로 동물을 위한 변화로 이어지는 것은 아니다. 그렇기에 폭염은 인수 공통일지 몰라도 그 결과는 인수 공통으로 균등하게 나타나지 않는다.

무더위에 동물이 집단으로 폐사한 것은 기록적인 폭염이 있었던 2018년만의 일이 아니다. 역사에 남을 만한 더위가 아니라도 동물들은 쉽게 죽어나갔다. 정부는 집단 폐사 문제에 대응하기 위한 각종 가이드라인, 대응방안, 계획을 매년 발표해왔다. 농촌진흥청 산하 국립축산과학원이 2010년 간행한 『폭염을 이겨내기 위한 고온기 가축 및 축사관리 기술서』(약칭 『폭염 기술서』)부터 농림축산식품부가 2020년에 마련한 『2020년 축산분야 재해 대응 계획』까지 과학적 데이터와 통계에 기반하여 가이드라인과 정책을 만든다. 도심 바람길 정책과 쪽방촌 공간 개선 정책을 결합하면 동물 축사용 폭염대책이 된다. 핵심은 가축이 머무는 축사 내 공기의 온도, 습도, 청결도를 관리하는 것이다. 어떻게든 내부 온도를 낮추고, 분뇨가 발효되면서 생기는 먼지와 유해가스를 줄여야 한다. 축사 내 온도를 내리는 데 필요한 장비를 국가에서 지원하기도 한다. 농림축산식품부는 2018년부터 "선풍기, 환기·송풍팬, 쿨링패드, 안개분무, 스프링클러, 차광막(지붕단열재), 냉동고 등 시설공사가 필요 없거나 간단한 교체로 설치가 가능한 냉방장비"를 지원하는 '축사시설 현대화 사업'을 벌이고 있다.

국립축산과학원의 『폭염 기술서』는 가축 종류별로 세세한 과학적 지침을 제공한다. 한우, 젖소, 돼지, 닭이 어떤 온도에서 잘 자라는지, 온도가 몇도 올랐을 때 호흡이 얼마나 가빠지는지, 얼마나 불쾌함을 느끼는지, 달걀의 두께는 어떻게 변하는지 등에 관한 데이터를 소수점 이하 첫째 자리까지 구체적으로 제공하고, 피해를 줄일 수 있는 축사 관리 방안을 제안한다. 한육우는 10~20도, 젖소는 5~20도, 돼지는 15~25도, 닭은 16~24도에서 가장 잘 자랄 수 있다. 바깥 온도가 이보다 높으면 사료 섭취량이 감소하고, 체온이 올라가며, 각종 스트레스 호르몬 농도와 물 섭취량이 증가한다. 특히 닭의 산란율은 20도에서는 90퍼센트에 가깝다가 35도가 되면 79.5퍼센트까지 떨어진다. 물론 더 더워지면 닭들은 폐사한다. 적정한 무게의 고기와 달걀을 팔아야 하는 농민들에게 폭염은 가축의 생산성을 떨어뜨리고 애써 키운 소, 닭, 돼지를 죽이는 사건이다.

『폭염 기술서』에 따르면 폭염 피해를 줄이는 가장 좋은 방법은 축사를 적절히 환기하고 냉수를 충분히 공급하는 것이다. 간단한 것처럼 들리는 이런 조치가 쉽지 않은 것은 동물들이 근본적으로 환기가 어려운 공간 속에 들어가 있기 때문이다. 1990년대 이후 한국에서 보편화된 '과학적 축산'의 밀집 사육 방식에서는 창문이 없는 시설이나 철장 안에 동물을 가둔다. 동물은 외부와 차단될 뿐만 아니라 서로 높은 밀도로 부대끼게 된다. 특히 땀샘이 없어서 더위에 취약한 닭을 창문 없는 공간에서 높은 밀도로 기르면 여름에 계사 내 온도가 급격히 상승하는 것을 막을 수 없다. 그러다 온도가 26.7도를 넘으면 닭들이 스트레스를 받기 시작하고, 32도부터는 호흡을 가쁘게 하며 날개를 활짝 펴 푸드덕거리는 식으로 온도를 조절하려고 한다. 30도가 훌쩍 넘으면 닭들이 우수수 쓰러진다.

창문이 없어 환기를 하지 못하는 계사에서 어떻게 공기를 식힐 수 있을까? 『폭염 기술서』와 각종 가이드라인은 "터널식 환기 효과"를 이용할 것을 추천한다. 계사 한쪽 끝에 신선한 공기가 들어올 수 있는 입기구를 설치하고 반대쪽 끝에 바람이 나갈 수 있도록 대형 환기 팬을 설치하면 내부에 터널 효과가 생겨 풍속이 빨라진다. 이런 방식으로 계사 내에 바람을 만들면 닭의 체감온도를 낮추는 효과를 낼 수 있다. 『폭염 기술서』에 따르면 닭의 체감온도는 풍속이 초속 0.25미터일 때 0.5도, 초속 2.53미터일 때 5.6도까지 내려간다.[65] 큰 시설공사 없이 내부 온도를 낮출 수 있는 방법이라 선호도가 높다. 계사를 다시 짓지 않으면서 대신 바람길을 하나 내주는 것이다.

국립축산과학원은 동물이 폭염에 쓰러지는 근본 원인을 잘 알고 있다. 『폭염 기술서』는 "좁은 공간에 여러마리의 가축을 빽빽

하게 모아서 키우는 밀집 사육으로 인해 그[폭염—인용자] 피해
는 더욱 가중되고 있는 실정"이라고 진단한다. 그렇지만 축사 내
동물 밀도를 낮출 수 있는 구체적인 방안을 논의하지는 않는다.[66]
동물 한마리에게 필요한 최소한의 면적을 규정한 '가축사육시
설 단위면적당 적정 가축사육 기준'은 2004년에 처음 제정되었
다. 이후 축산법에 따라 돼지는 육성돈(30~60킬로그램) 0.6제곱미
터, 비육돈(60킬로그램 이상) 0.9제곱미터를, 산란계는 0.042제곱미
터를 보장받게 됐다. A4 용지 한장이 약 0.06제곱미터다. 닭 사육
기준은 2015년 0.05제곱미터, 2020년 0.075제곱미터로 늘어났지
만 여전히 A4 용지를 간신히 넘는 수준이다. 철장은 작으면 전자
레인지, 크면 가정용 오븐 정도의 공간인데, 이 안에 세마리에서 여
섯마리의 닭이 들어간다. 산란계 농장에서 일한 경험이 있는 한승
태 작가는 "농구공만 한 닭들을 이 정도 공간 안에 집어넣는 게 가
능한 건 닭은 구기고 찌그러뜨려도 터지지 않기 때문"이라고 썼
다.[67] 돼지나 소도 상황이 크게 다르지 않아서, 철장 안에 갇힌 어
미 돼지는 움직이지도 못하고 뒤를 돌아보지도 못한다. 이런 환
경에서 축사 바닥에 분뇨가 쌓이고 그 분뇨가 폭염에 발효하면
호흡기 계통에 유독한 가스가 나오기 시작한다. 농장에서 일하는
사람과 축사에서 사는 동물이 함께 뜨겁고 유해한 공기를 마신다.

　코로나19 유행 이후 모든 인간이 피하고자 애쓰는 '3밀'(밀집·
밀접·밀폐) 조건은 폭염의 피해를 가중시키는 조건이기도 하다.

축사에 갇힌 동물들은 바로 그 3밀 조건을 수십년째 견뎌오고 있다. 3밀 조건에서 코로나바이러스가 전파되는 방식은 최근에 본격적으로 연구되었지만, 3밀 조건에서 동물의 몸에 일어나는 변화는 이미 구체적으로 알려져 있다. 모든 인간이 3밀의 공기조건을 피할 수 있는 기회를 균등하게 누리지 못하는 것처럼, 동물과 인간 사이에도 3밀의 공기조건에 대한 대책은 균등하게 적용되지 않는다. 뜨거운 공기를 피하고 싶을 때 피하는 것은 인간 중 일부가 누리는 특권이자 인간과 동물 중 인간만이 누리는 특권으로 작동하고 있다.

## 2100년의 공기

그러나 과연 언제까지 뜨거운 공기를 피할 수 있을까. 또 그것으로부터 몸을 피할 수 있는 장소는 얼마나 더 남아 있을까. 바다와 산으로 향하던 발길을 에어컨 바람 시원한 호텔로 돌려도, 도심과 축사 한가운데로 바람길을 내어도, 그 모든 곳을 다 덮고 있는 공기는 점점 더워진다. 견딜 수 없을 만큼 뜨거운 날도 점점 늘어난다.

2020년 기상청과 환경부는 기후변화 전문가 120여명의 도움을 받아 2014년에서 2020년 사이에 발간된 논문과 보고서 약 1900편의 기후 전망을 종합한 『한국 기후변화 평가보고서 2020』을 발간했다. 보고서에서 인용하고 있는 폭염 연구자 대부분은 한국에서 폭염의 강도와 피해가 증가할 것이라는 데 동의하고 있다. 폭염이 정확히 얼마나 더 자주 발생할지에 대한 견해는 연구 방법과 가정에 따라 다를 수 있다. 기상청은 인류가 온실가스를 저감하지 않으면 현재 연간 10일 정도인 남한의 폭염 일수가 21세기 후반기(2071~2100년)가 되면 35.5일로 증가하리라 예상했다. 부산대 연구진의 예상은 조금 더 암울하다. 지금부터 노력해서 탄소 배출을 상당히 줄이더라도 2075년에서 2099년 사이 연간 폭염 발생일은 지금보다 52.5일이나 증가한다. 지금 기준으로 보면 견디기 어려운 '이상 기후'로 분류될 기간이 두 달 이상 되는 것이다.[68]

단지 더워서 짜증이 나는 정도가 아니라 직접적인 건강 피해를 입는 경우도 크게 늘어날 전망이다. 더 더워지기 때문이기도 하고, 더위에 취약한 고령 인구가 늘어나기 때문이기도 하다. 한국환경정책·평가연구원의 2019년 연구에 따르면 2060년경 폭염에 노출될 것으로 예상되는 고령 인구는 현재의 3.8~5.5배에 달한다. 온열질환을 겪는 인구는 75세 이상에서 2020년 대비 6~8배 증가하고 85세 이상 초고령층에서는 13~17배 증가한다. 뜨거운 공기를 피할 수도 없고 맞닥뜨릴 수도 없는 사람의 숫자다.[69]

2100년에 여름을 보내는 사람들에게 폭염은 어떤 의미일까. 폭염연구센터가 사용하는 복잡한 수식을 빌리지 않더라도, 우리가 예외적 공기조건으로 여기던 것이 미래의 일상이 되리라는 사실은 쉽게 예상할 수 있다. 두달짜리 폭염을 제외하고 나면 여름이 남아나지 않을 것이다. '여름'의 정의 자체를 '1년 중 제일 무더운 계절'에서 '1년 중 정상적으로 살기 어려운 뜨거운 계절'로 바꾸어야 할지도 모른다. 폭염이 여름을 대체해버릴 때 더위에서 잠깐 몸을 피한다는 피서의 개념은 유효하지 않을 것이다. 두달짜리 폭염을 '바캉스'나 '호캉스'로 이겨낼 수는 없다. 시원한 집도 없고 피신할 호텔도 없는 사람들은 더위 난민이 되어 거리로 내몰릴 것이다. 정부는 '무더위 쉼터'를 만들고 또 만들다가 포기해버릴지도 모른다. 대신 모든 공간이 일종의 폭염대피소가 되고, 우리는 열악한 대피소와 조금 나은 대피소 사이를 허둥지둥 옮겨다니며 여름을 보내게 될 것이다. 시민들은 목에 온도계를 걸고서 자신이 체감하는 공기가 얼마나 뜨거운지 증명할 필요가 없고, 대기과학자들은 광화문에 측정 카트를 끌고 나와 도심이 얼마나 뜨거운지 확인할 필요가 없다. 매해 살인적 폭염이 올 것이 불 보듯 뻔하다면 과학이 새로운 사실을 발견해서 우리의 생각과 행동을 바꾸어놓을 여지는 사라진다.

과학자들이 한목소리로 예측하는 2100년의 뜨거운 공기를 피하기 위해 2021년의 과학이 할 수 있는 일이 있을까. 아니, 우리가 아무리 애를 써도 2100년의 뜨거운 공기를 피할 수 없다면 지금 여기의 과학은 무엇을 해야 할까. 과학은 더이상 우리의 도피를 도울 수 없지만, 우리를 감싸는 뜨거운 공기 속에서 어떻게든 공동체의 공기관계를 설정하고 실천하고 정비하는 과제에 참여할 수 있다. 우리는 지금까지 공기재난의 가능성을 탐색하고 경고하기 위해 수행해온 과학을 멈추지 않으면서도 이제 충분히 예측 가능한 현실로 다가온 '공기종말'air-pocalypse을 덜 고통스럽게 만들기 위한 과학과 정책에도 주목할 때가 되었다. 장기적이고 최종적인 결과를 바꾸지는 못하더라도 그 피해를 완화하고 분배하는 일에 여전히 많은 과학지식과 그에 기반한 정책이 필요하다.

노인이 폭염으로 겪는 심신의 고통을 정확하고 꾸준하게 측정하는 것은 폭염 속 노인을 돌보기 위한 인력을 충분히 확보하라는 권고로 이어질 수 있다. 뜨거운 공기 속으로 어쩔 수 없이 들어가야 하는 노동자를 보호하기 위해서는 주택 시공, 조경계획, 도시설계에 대해서까지 뜨거운 바람의 영향을 연구하고 반영하는 일이 시급해질 것이다. 식물, 동물, 인간이 공기를 매개로 서로의 삶과 죽음에 개입하고 있다는 산림과학, 환경학, 식품학 연구는 인간과 비인간 중 한쪽만 숨쉬고 살 만한 공간을 창출하는 일이 가능하지 않다고 알려준다. 폭염으로 동식물이 살 만한 땅이 줄어들 때 우리는 최선의 과학지식을 이용하여 지구상 모든 존재가 먹을 것과 마실 물과 잘 공간을 다시 배분하는 일에 착수해야 한다.[70] 이 모든 것을 잘 해냈다고 해서 뜨거운 공기의 위협에서 벗어나는 것은 아니지만 적어도 최악의 결과는 면할 수 있을지 모른다.


## 피난의 공동체


도망칠 수 없는 공기재난 앞에서 우리는 모두 이미 혹은 잠재적으로 피난민이다. 지속적이고 극단적인 폭염의 시대를 앞두고 우리에게 필요한 것은 피난민 되기와 피난민 맞이하기 연습이다. 우리는 뜨거운 공기 속에서 어떻게 사람들을 불러들이고 먹이고 재울 것인가. 임시적일지 영구적일지 모르는 그 피난소에서 우리는 누구와 어떤 관계를 맺을 것인가. 때로는 피난민이 되기도 하고 때로는 피난민을 맞이하기도 하면서 우리는 폭염 시대의 새로운 공기관계와 윤리를 구성할 수 있다.

서울에서 독거노인이 가장 많이 살고 있는 노원구는 2018년 여름 전국 최초로 야간 무더위 쉼터를 열었다. 쉼터가 저녁 9시면 문을 닫아 긴 열대야를 견뎌야 하는 시민들에게 도움을 주지 못한다는 지적에 지자체가 응답한 것이다. 야간 무더위 쉼터가 설치된 노원구청 대강당에는 이재민 임시 거주시설을 연상시키는 텐트 20여개가 설치됐다. 길게 이어지던 열대야로 고통받던 주민들은 이 강당에서 오랜만에 잠을 이룰 수 있었다. 35도가 넘는 공기를 뚫고 쉼터에 도착한 77세 이아무개 할머니는 쉼터를 취재하

그림 7　열대야를 피해 무더위 쉼터에 모여 함께 드라마를 시청하는 노원구 주민들

러 온 『한겨레』 기자에게 "[단칸방에서는―인용자] 지옥이 따로 없었는데 여기 오니 잠을 잘 수 있다"며 고마운 마음을 표현했다. 상계동에서 온 79세 안순옥 씨는 『조선일보』와 인터뷰하면서 "집이 찜통같아 지난주에는 정신을 잃고 이틀 후 깨어났다"며 에어컨이 있는 쉼터에서는 편하게 잠을 이룰 수 있다고 안도했다. 노인들이 각자 알아서 폭염을 견디도록 내버려두지 않고, 모여서 함께 버틸 만한 공기와 공간을 마련해주려는 시도가 이루어졌기 때문이다.[71]

2018년 노원구의 선례에 힘입어 서울 시내 야간 무더위 쉼터는 2019년에 145곳으로 늘어났다. 노원구청 대강당에는 다시 한번 열대야를 피해 모인 노인들의 임시 호흡공동체가 꾸려졌다. 한해

전 여름에 처음 시도된 돌봄의 공기관계가 반복되고 또 확장되고 있었다. 공무원과 자원봉사자가 노인들을 맞이하고 돌보기 위해 힘을 모았다. 자원봉사자들은 과자와 과일을 야식으로 전달했다. 손 마사지를 해드리거나 말벗이 되어드리기 위해 대강당을 찾은 봉사자들도 있었다. 한숨 돌리고 허기를 달랜 다음 대형 텔레비전 앞에 앉아 함께 드라마를 시청하는 노인들은 피난민이 아니라 마치 피서객처럼 보이기도 했다. 널찍한 공간에 마련된 쉼터는 적어도 피난을 훨씬 견딜 만하고 심지어는 잠시나마 즐길 수 있는 일로 만들어주었다.[72]

물론 야간 무더위 쉼터가 폭염 취약계층이 폭염 시대를 살아내는 근본적인 해결책이 될 수는 없다. 언제라도 노원구의 예산과 의지가 줄어들면 무더위 쉼터는 문을 닫고 노인들은 다시 흩어질 것이다. 반대로 노원구가 지원을 계속하고 점점 더 많은 노인이 몰려 무더위 쉼터가 성황을 이룬다고 해서 마냥 기뻐하고 칭찬할 일도 아니다. 자기 집에서 더위를 살아낼 수 없는 처지의 노인이 더 늘어난 현실을 보여주기 때문이다. 폭염이 길어질수록 자원봉사자와 구청 직원의 노동에만 기대어 밤늦은 시간 노인을 돌보는 일도 힘들어질 것이다. 무더위 쉼터가 해마다 더 길게 열리고 더 크게 마련되어야 하는 경향 자체가 폭염재난의 척도가 된다.

그럼에도 구청 대강당에서 생겨난 일시적 피난의 공동체는 앞으로 한동안 우리가 구성해야 할 호흡공동체의 성격을 예보해준다. 임시적일 수밖에 없더라도 매 순간의 곤경에 충실히 대응하는 것, 완벽한 도피가 불가능함을 알면서도 최선의 돌봄으로 피해를 줄이는 것, 무엇보다 폭염 취약계층이 재난 앞에서 흩어져 각자 살아남도록 내버려두는 대신 이들과 같이 숨쉴 수 있는 공기를 마련하는 것. 우리는 일시적이지만 일상적이고, 급박하지만 든든하고, 낯설지만 호혜적인 공기관계를 구성함으로써 더 자주 더 극심하게 찾아올 공기위기를 겨우 살아낼 수 있을 것이다. 이제 피서는 끝났다. 피난 준비를 시작할 때다.

# 광화문의 공기

이 책의 1장, 2장, 3장에 모두 등장하는 장소는 광화문이다. 사람들은 광화문 광장에 나와 숨쉬기 어렵다고 호소하기도 하고, 숨을 섞으며 활보하기도 하고, 그곳의 공기를 직접 연구하기도 했다. 2019년 봄 '미세먼지 대책을 촉구합니다' 회원들은 전국 여러곳에서 광화문으로 모여들어 숨쉴 권리를 보장하라고 정부에 요구했다. 공기재난을 겪는 고통을 가장 널리 알릴 수 있는 공간이 바로 광화문이었다. 2020년 광복절에는 코로나19 감염에 대한 각계의 우려와 경고에도 불구하고 2만여명이 전광훈 목사 주최의 집회에 참가해 구호를 외치고 숨을 섞었다. 정부가 권고하는 코로나19의 공기규범을 거부하는 동시에 정부를 비판하는 목소리를 퍼뜨리기 위해 선택한 장소도 광화문이었다. 2019년과 2020년 여름에는 과학자들이 측정장비를 카트에 싣고 광화문 일대의 공기 온도를 재러 나왔다. 인구가 밀집된 도시 한복판의 여름 공기를 과학적으로 포착할 수 있는 대표적인 공간도 광화문이었다. 2016년 촛불집회 당시 광화문 광장이 시민들이 정치공동체를 확인하고 엮어내는 공간이었던 것처럼, 미세먼지가 뒤덮은 광화문 광장, 바이러스가 잠재된 광화문 광장, 뜨겁게 데워진 광화문 광장은 시민들이 호흡공동체를 불러내고 시험하는 공간이다.[1]

광화문의 공기는 하나로 규정하기 어려운 중층적인 '것'이었다. 광화문에서 공기는 사람을 살아 있게도 하고, 사람의 건강을 위협하기도 하며, 사람 사이를 연결하기도 하고 갈라놓기도 했다. 공기는 자연적인 동시에 사회적인 것이었고, 물리적 실체이면서 정치적 분위기이기도 했다. 미세먼지에 시달리는 시민들이 피켓을 들고 광화문에 나왔을 때 공기는 정치와 정책의 대상이 되었다. 감염병 확산을 우려하는 정부가 시민들에게 광화문에 나오지 말도록 요청했을 때 공기를 나눠 마시는 일은 중대한 위험이 되었다. 더워지는 지구를 연구하는 과학자들이 측정장비를 들고 광화문에 나왔을 때 공기는 역사적 기록과 과학적 분석의 대상이 되었다. 사람들은 각자의 관점에서 광화문의 공기를 추적하고, 요구하고, 회피하고, 질타했다. 광화문 광장에서 사람들은 공기에 대한 생각과 입장, 즉 공기관空氣觀에 따라 모이고 흩어졌다. 호흡공동체는 이곳의 더럽고 위험하고 뜨거운 공기를 어떻게 해야 할지를 두고 분열되기도 하고 재구성되기도 했다.

광화문 광장의 호흡공동체에 미세먼지, 코로나19, 폭염의 공기 재난은 서로 떨어져 차례를 지키면서 찾아오지 않는다. 관찰과 서술의 편의를 위해 각 장에서 따로 다루었을 뿐, 이들 공기재난은 얼마든지 동시에 발생할 수 있고, 또 그렇게 되었다. 그러므로 우리가 속한 호흡공동체가 다시 구성해야 하는 공기관계도 세가지 종류로 명확히 구분할 수 없다. 미세먼지의 공기관계, 코로나19의 공기관계, 폭염의 공기관계가 독립적으로 있는 것이 아니라 하나가 나머지에 영향을 미치면서 함께 변화한다. 미세먼지와 황사를 대비해서 사둔 마스크를 코로나19 방역을 위해 매일같이 쓰다가 이내 뜨거운 여름 공기 속에서도 마스크를 벗을 수 없어 괴로워하듯이, 우리는 때로는 연속적으로 때로는 동시다발적으로 닥쳐오는 적어도 세가지의 공기위기를 살아내고 있다. 이 위기의 목록은 언제라도 갱신될 수 있다.

　중첩된 공기위기 속에서 '각자도생의 공기'와 '공동체의 공기'는 새로운 기회를 발견하기도 하고 새로운 난관에 부딪히기도 한다. 코로나19 유행이 막 반년을 넘어가던 2020년 7월 중순 서울무역전시컨벤션센터에서 열린 '대한민국 기계설비전시회'에서는 공기청정 기술의 진화를 엿볼 수 있었다. 2019년 전시회에는 '미세먼지 특별관'이 들어섰었는데 2020년 전시회에는 '감염병 예방·확산 방지 기획관'이 등장했다. 전시회에 참가한 제조사가 홍보용으로 만든 영상은 대형 '환기청정기' 덕분에 경기도 평택에 있는 한 교회의 신도들이 불안감 없이 "모이기에 좀더 힘쓰게 될 것"이라고 소개했다. 이 교회가 들여놓은 환기청정기는 코로나19 시대에도 신도들이 흩어지지 않고 모임으로써 신앙공동체를 지키도록 도와주는 공기기술로 제시되고 있었다. 제단 위 십자가만큼 큰 환기청정기를 여러대 설치한 이 교회는 "우리 교회는 코로나19로부터 깨끗합니다"라고 선언했다. 시대 변화에 빠르게 적응한 공기기술이 미세먼지와 코로나19라는 두 공기위기를 한번에 해결하겠다고 약속했으므로, 창문을 여는 자연환기보다 청정기로 하는 기계환기가 더 낫다는 믿음만 있다면 둘 다 두려워할 필요가 없게 된 것이다. 이것이야말로 "코로나19에 슬기롭게 대처하는 새로운 교회 문화"였다.[2]

그로부터 2주 후인 8월 1일 서울 삼청동 골목에서 마주친 공기풍경은 평택의 교회와는 사뭇 달랐다. 삼청로5길 30번지 삼청경로당은 잠겨 있었고, 문에는 안내문이 세장이나 붙어 있었다. 2020년 2월 6일에는 경로회 회장이 경로당을 닫으라는 연락이 왔다는 소식을 손으로 써서 붙였다. 문 상단에 붙은 삼청동장 명의의 안내문은 종로구 확진자 발생을 이유로 2월 19일부터 별도 통보 시까지 경로당을 임시 휴관한다고 공지했다. 겨울에 시작된 코로나19 상황이 여름이 되도록 나아지지 않자 삼청동장은 경로당 공간을 활용하던 무더위 쉼터를 운영하지 않기로 했다고 다시 안내문을 붙였다. 코로나19의 공기위기는 노인들이 한데 모여 숨

그림 1  문이 굳게 닫힌 삼청경로당. 코로나19로 인한 임시 휴관 안내문이 세장이나 붙어 있다. 그중 하나는 휴관 기한이 미정이며, 나중에 휴관 종료일을 별도 통보하겠다는 내용이다. 삼청동 노인들의 공기관계는 언제, 어떻게 회복될 수 있을까.

을 섞고 교류하는 것을 막았고 그들이 폭염을 피해 서늘한 공기를 나누는 것도 막았다. 환기청정기의 효능이 이곳까지 알려지지 않았는지, 한번 닫힌 공동의 공기공간은 좀처럼 다시 열리지 못했다. 그동안 노인들은 각자의 공기주머니 안에서 코로나19도 견디고 폭염도 견뎌야 했을 것이다. 코로나19가 지나간 뒤 삼청동 노인들의 공기관계가 회복되려면 어떤 안내문이 붙고, 어떤 테크놀로지가 도입되고, 시간이 얼마나 흘러야 하는지 가늠하기 어렵다.

환기청정기 도입과 경로당 폐쇄는 공기위기에 대한 대응 방법으로 매우 다르기도 하고 비슷하기도 하다. 전자는 환기청정기라는 새 테크놀로지를 통해 기존의 공기관계(대면 예배)를 유지할 수 있으리라고 약속하는 것이다. 후자는 단호한 행정조치로 기존의 공기관계(대면 교류)를 전면 중지시킴으로써 위험과 책임을 피하려 하는 것이다. 두가지 모두 필요에 따라 작은 규모에서 일시적으로 시도할 수 있는 방법이다. 그러나 어느 공동체에서든 서로 얽혀 작동하는 지식, 테크놀로지, 제도, 규범, 윤리 중 한 요소에만 의존해서는 사람들의 다양한 처지와 요청에 부응하는 새로운 공기관계를 설계할 수 없다. 우리를 단번에 곤경에서 벗어나게 해주는 마법 같은 해결책은 없다. 실험하고 조율하면서 조금씩 관계를 다듬어갈 수밖에 없다.

신도들이 교회에, 노인들이 경로당과 무더위 쉼터에, 시민들이 광화문 광장에 다시 모여 두려움 없이 숨을 바꿔 쉬는 날이 오기는 올 것이다. 그때까지 우리는 우리가 가진 지식, 테크놀로지, 제도, 규범, 윤리를 점검하고 보완하고 수정하면서 새로운 공기관계를 구상하고 구현해야 한다. 미세먼지, 코로나19, 폭염은 우리가 누구이며 어떻게 살 것인지 묻는다. 호흡공동체의 구성원으로서 우리는 어떤 공기를 어떻게 나눠 마실 것인가. 우리는 누구와 숨을 바꿔 쉬며 살 것인가.

**프롤로그  혼자 쉬는 숨은 없다**

**1** 프롤로그는 이 책을 준비하는 과정에서 전치형이 발표한 다음과 같은 몇몇 글과 강
연을 바탕으로 쓴 것이다. 「두 공기 이야기」, 『한겨레』 2019년 3월 22일; 「'돌봄의 과
학'을 위하여」, 『한겨레』 2020년 6월 5일; 「광화문 광장의 공기」, 『한겨레』 2020년 8월
28일; 「우리는 대면하지 않고도 연결될 수 있을까: 테크놀로지의 가능성과 한계」,
2020 NPO 국제컨퍼런스, 2020. 10. 26; 「처음 겪는 공기, 다시 찾은 과학: 공기위기를
살아내기」, SBS D Forum, 2020. 10. 30.

**1장  응답하라 공기과학: 미세먼지 앞에서 우리는 어디로 흩어지고 있는가**

**1** 이 글에 쓰인 모든 미세먼지 수치는 에어코리아 홈페이지(https://www.airkorea.
or.kr/web) 공시 데이터를 참고하였다.
**2** 「한국 미세먼지 위력에⋯ 주한미군도 마스크 착용」, 『한국일보』 2019년 4월 1일.
**3** 「기승부리는 현대의 공포에서 벗어날 길은⋯」, 『경향신문』 1970년 6월 20일.
**4** 「"공해 겪은 「시민고발」 매연버스 운행정지 결정"」, 『동아일보』 1970년 6월 20일; 원

주영「디젤 자동차 시대의 대기오염 관리: 1960~70년대 한국 정부의 공해차량 단속과 책임의 개인화」,『환경사회학연구 ECO』24권 1호, 2020.

**5**「한국의 미래학, 서기 2000년」,『매일경제신문』1971년 3월 24일.

**6** 윤봉원「공해시대의 안식처」,『새가정』1973년 10월호 105~106면.

**7** 조용일「공해 확산 … '죽은 공기'를 마신다: 시민의 소리」,『경향신문』1990년 10월 17일.

**8**「극단「연우무대」6개월 공연정지」,『중앙일보』1984년 8월 11일.

**9** 이시형「비틀거리는 현대인: '공해' 너무 잘 알아 먹는 게 겁난다」,『경향신문』1982년 2월 13일.

**10**「환경 오염과 '죽음의 완행열차'」,『한겨레신문』1989년 8월 16일.

**11**「대기오염 선진국형으로 바뀐다」,『매일경제신문』1997년 10월 22일;「'死神의 목시록' 지구촌 오염」,『경향신문』1990년 4월 16일.

**12** 김진현「한국이 파라다이스 아닌 이유」,『한국경제』2005년 1월 13일.

**13** United Nations Economic Commission for Europe (UNECE), "Protecting the Air We Breathe: 40 years of cooperation under the Convention on Long-range Transboundary Air Pollution," September 2019.

**14**「공장 굴뚝에 드론 띄워보니 … 미세먼지, 주변지역의 45배」,『조선일보』2019년 2월 20일.

**15** 전치형「두 공기 이야기」,『한겨레』2019년 3월 22일.

**16**「뿌리는 지리산 산소, 물고 다니는 공기청정기」,『한국경제』2019년 3월 5일.

**17** Peter Sloterdijk, *Terror from the Air*, tr. by Amy Patton and Steve Corcoran, Semiotext(e) 2002; Peter Sloterdijk, *Globes: Spheres Volume II*, tr. by Wieland Hoban, Semiotext(e) 2014, 964면.

**18** Bruno Latour, "Air-condition," in Caroline Jones, ed., *Sensorium*, Cambridge, MA: MIT Press 2005, 104면(http://www.bruno-latour.fr/sites/default/files/P-115-AIR-SENSORIUMpdf.pdf).

**19** 바이오생약국 화장품심사과『황사방지용 및 방역용 마스크의 기준 규격에 대한 가이드라인』, 식품의약품안전청 2009.

**20**「하동 '지리에어', 미세먼지 차단 특별전 참가」,『경남일보』2019년 4월 22일;「[영상+] 미세먼지 대신 지리산 맑은 공기를 마셔봤다 — 공기캔 체험기」, 한겨레TV 유튜브, 2019. 3. 14, https://www.youtube.com/watch?v=_pkRZBzCB20.

**21** 「공기청정기 봄철 매출 '쑥쑥' … 올해 400만대 팔릴 듯」,『문화일보』 2021년 3월 23일.

**22** 코웨이 에어랩 리포트, 코웨이 홈페이지(2019년 4월 접속. 현재 에어랩 리포트 홈페이지는 운영되지 않고 있다).

**23** 교육부 보도자료「학교 고농도 미세먼지 대책 발표」, 2018. 4. 5;「구광모의 공기청정기 '통 큰 기부'」,『한국경제』 2019년 3월 13일.

**24** 「교실 공기청정기 효과 있을까? … 미세먼지 대책 실효성 논란」,『연합뉴스』 2018년 4월 8일.

**25** 「학교 공기청정기 관리 주체 누구 … 대전 보건교사·행정직 '티격태격'」,『경향신문』 2018년 11월 13일.

**26** 전국교직원노동조합 광주지부「'검증되지 않은 공기정화기'의 학교 설치 사업! 교육부와 시교육청은 학부모 불안감 이용해 대기업 배만 불리는 졸속행정 중단하고, 공기정화 장치 설치사업에 대한 공동연구조사를 실시하라!」, 2018. 10. 22.

**27** 관계 부처 합동『미세먼지 기술개발 로드맵』, 2018. 9. 28.

**28** NASA Armstrong Flight Research Center, "KORUS-AQ Chapter 1: Smog Alert!," 2016. 12. 7, https://www.youtube.com/watch?v=5jBr6Mu55Z8.

**29** KORUS-AQ 연구기간 중 DC-8의 항로를 파악하기 위해서는 다음과 같은 자료를 참고했다. NASA, "KORUS-AQ Flight Summaries," https://www-air.larc.nasa. gov/missions/korus-aq/docs/KORUS-AQ_Flight_Summaries_ID122.pdf; NASA, "Interactive Flight Tracks & Profile Data Plotter," https://www-air.larc.nasa.gov/ missions/korus-aq/DC8-Plotter.html.

**30** 『KORUS-AQ 예비종합보고서』, 2017. 7. 19, https://espo.nasa.gov/sites/default/ files/documents/KORUS-AQ-RSSR.pdf.

**31** 「미 NASA가 280억원 써가며 한국 미세먼지 연구한 까닭은」,『경향신문』 2017년 7월 19일.

**32** 문길주 외『석학 정책제안: 미세먼지 문제의 본질과 해결 방안 ② 미세먼지, 어떻게 해결할 것인가?』, 이슈페이퍼 2017-08, 한국공학한림원·한국과학기술한림원·대한민국의학한림원 2018.

**33** 장영기「미세먼지 현황과 저감정책의 방향」,『제1회 미세먼지 국민포럼 자료집』, 한국과학기술단체총연합회, 2019. 2. 25, 76면.

**34** 국가기후환경회의「미세먼지 문제 해결을 위한 국가기후환경회의의 제1차 타운홀

미팅」, 2019. 11. 29, https://www.youtube.com/watch?v=qRhKNrbCang.

**2장** 따로 또 같이: 감염병 시대, 우리는 숨을 섞지 않고도 연결될 수 있는가

**1** 이것은 2020년 8월 말 취재 당시의 절차다. 2021년 1월 8일부터는 공항을 통해 입국하는 모든 외국 국적자들이 출발일 기준으로 72시간 내에 발급받은 'PCR 음성확인서'를 제출해야 한다.

**2** 최원석 교수의 사례는 메르스 사태 인터뷰 기획팀·지승호『바이러스가 지나간 자리』, 시대의창 2016, 63~86면을 바탕으로 정리했다.

**3** 경기도『메르스 인사이드: '그 끝나지 않은 이야기' ─ 경기도 메르스 백서』, 2015. 12. 22, 177면.

**4** 감사원『메르스 예방 및 대응실태』, 2016, 47면.

**5** M교수의 사례 역시 메르스 사태 인터뷰 기획팀·지승호, 앞의 책 63~86면을 바탕으로 서술했다.

**6** 감사원, 앞의 책 51면.

**7** 「죽을지도 모르는 공포 속에서 일해야 했다」,『의협신문』2015년 7월 29일; 최은영「현장에서 바라본 간호사의 직업 안전 문제의 복잡성」,『메르스 이후 간호사의 직업 안전과 감염 예방을 위한 정책토론회 자료집』, 2015. 7. 27, 45~50면.

**8** 대한감염학회『메르스 연대기』, 2017, 17면.

**9** 질병관리본부『국가지정 입원치료병상 운영과 관리지침』, 2019. 11; 질병관리본부『2018 감염병관리시설 평가지침』, 2018. 6.

**10** 역학조사팀의 현장 실험과 시뮬레이션 실험 결과는 연구팀에서 출판한 논문을 바탕으로 정리했다. Minki Sung et al., "Airflow as a Possible Transmission Route of Middle East Respiratory Syndrome at an Initial Outbreak Hospital in Korea," *International Journal of Environmental Research and Public Health* Vol. 15, No. 12, 2018; Seongmin Jo et al., "Airflow analysis of Pyeongtak St Mary's Hospital during hospitalization of the first Middle East respiratory syndrome patient in Korea," *Royal Society Open Science* Vol. 6, No. 3, 2019.

**11** Seongmin Jo et al., 같은 글 9면.

**12** 인천의료원 사례는 감염내과 김진용 과장의 강연 내용을 바탕으로 정리했다. 「코

로나바이러스에 대응하되, 다시 오게 될 코로나를 준비하라」, TEDxSeoulSalon, 2020. 5. 21, https://www.youtube.com/watch?v=12K7MqoMpYk.

**13** 나혜경 '2019년 인천광역시 신종감염병 1차 교육훈련 개인 보호구 착탈의 교육자료', 2019. 5. 9; 김진용 '2019년 인천광역시 신종감염병 1차 교육훈련 신종 감염병 총론 교육자료', 2019. 5. 9.

**14** 나혜경 「코로나19 환자 관리의 실제」, 코로나19 의료기관 감염관리 세미나 발표자료, 2020. 4. 28, https://www.youtube.com/watch?v=xc0ejBIhmu8; 김진실 「코로나19 감염관리 가이드라인 리뷰」, 코로나19 의료기관 감염관리 세미나 발표자료, 2020. 4. 28, https://www.youtube.com/watch?v=hwQP6ko6BZg.

**15** 명지병원 「2017 명지병원 신종 감염병 발생 대응체계 모의훈련」, 2018. 1. 23, https://www.youtube.com/watch?v=io62CmhJA0k.

**16** 명지병원 「메르스 400일의 성찰」, 2016, http://mers.mjh.or.kr/.

**17** 같은 곳.

**18** 명지병원 「2019 명지병원 신종·유행성 감염병 대응 모의훈련」, 2020. 7. 22, https://www.youtube.com/watch?v=gKDgehzCIQg.

**19** 이 내용은 「코로나: 코로나를 쫓는 사람들」(BBC NEWS 코리아 2020년 8월 29일, https://www.bbc.com/korean/features-53946122)을 참고하여 정리하였다. 문단에서 인용한 확진자 수는 중앙방역대책본부 0시 기준 발표 숫자이다. 질병관리본부는 감염경로를 확인하기 어려운 상황을 지칭하기 위해 "깜깜이 환자"라는 표현을 썼으나 시각장애인들의 개선 요청을 받아들여 "감염경로 불명" 혹은 "감염경로를 알 수 없는 확진환자"로 바꿔 쓰기로 결정했다. 「"'깜깜이' 쓰지 않겠습니다" … '언어 감수성' 보여준 중대본의 결정」, 『여성신문』 2020년 8월 31일.

**20** Derek K. Chu et al., "Physical distancing, face masks, and eye protection to prevent person-to-person transmission of SARS-CoV-2 and COVID-19: a systematic review and meta-analysis," *The Lancet* Vol. 395, No. 10242, June 27, 2020.

**21** 이를 시간(Time), 장소(Place), 사람(Person), 3요소(TPP)라고 부른다.

**22** 이 내용은 질병관리본부가 제공한 영상을 참조했다. 질병관리본부 「코로나19 대응 지자체 지원인력 대상 교육: Chapter 1. 코로나19 역학조사 기본 개요」, 2020. 8. 29, https://www.youtube.com/watch?v=QI-J4DQee1w.

**23** 「"이태원 클럽 집단감염 40명"」, 『조선일보』 2020년 5월 9일.

**24** Hyonhee Shin et al., "How South Korea turned an urban planning system into a virus tracking database," *Reuters* May 22, 2020.

**25** 국토교통부 『코로나19 역학조사 지원시스템: 스마트시티 혁신성장동력 프로젝트 데이터허브 플랫폼 활용』, 2020.

**26** Young Joon Park et al., "Development and utilization of a rapid and accurate epidemic investigation support system for COVID-19," *Osong Public Health and Research Perspectives* Vol. 11, No. 3, 2020.

**27** 국토교통부 『코로나19 역학조사 지원시스템 Q&A』, 2020. 원문의 그림을 다시 그렸다.(일러스트: 채황)

**28** Hyonhee Shin et al., 앞의 글; 국토교통부, 앞의 책.

**29** 국토교통부 『코로나19 역학조사 지원시스템: 스마트시티 혁신성장동력 프로젝트 데이터허브 플랫폼 활용』.

**30** Young Joon Park et al., 앞의 글; 역학조사관(익명) 인터뷰, 2020. 9. 6.

**31** 국토교통부 『코로나19 역학조사 지원시스템 외신 질의답변〔국영문〕』, 2020.

**32** 역학조사관(익명) 인터뷰, 2020. 9. 6.

**33** 「확진자가 숨긴 곳도 10분이면 안다 … 전투력 세진 '질병 탐정'」, 『중앙일보』 2020년 5월 24일.

**34** 황승식 외 「코로나19 과학이 아는 것과 모르는 것」, 『과학잡지 에피』 12호, 2020, 22면; 중앙방역대책본부 『코로나바이러스감염증-19 대응절차(6판): 국가지정 입원 치료병상용』, 2020. 2. 20. 중앙방역대책본부의 지침은 『대응절차』 혹은 『대응지침』이라는 이름으로 발표되나, 질병관리청 홈페이지에서는 모두 '지침'으로 분류하고 있으므로 이하에서는 『대응지침』으로 통일하였다.

**35** Lidia Morawska and Donald K. Milton, "It is time to address airborne transmission of COVID-19," *Clinical Infectious Disease* July 6, 2020. 공기감염의 가능성을 인정해 달라는 이 서신에 전세계 239명의 과학자가 서명했다.

**36** WHO, "Transmission of SARS-CoV-2: implications for infection preventidon precautions," July 9, 2020. 이에 대한 재반박으로는 다음 논문을 참고. Nick Wilson et al., "Airborne transmission of covid-19," *The British Medical Journal*, August 20, 2020.

**37** Centers for Disease Control and Prevention, "Scientific Brief: SARS-CoV-2 and Potential Airborne Transmission," October 5, 2020.

**38** 중앙방역대책본부 『코로나바이러스감염증-19 대응지침: 지자체용(제9-2판)』, 2020. 8. 20, 74면.

**39** Lidia Morawska and Donald K. Milton, 앞의 글 그림 1. 원문의 그림을 다시 그렸다.(일러스트: 채황)

**40** 황승식 외, 앞의 글; 허윤정 『코로나 리포트: 대한민국 초기 방역 88일의 기록』, 동아시아 2020, 170~71면.

**41** 질병관리본부 『(7-1판)중증환자 발생 및 사망을 예방하기 위한 피해 최소화 전략으로 전환』, 2020. 3. 6.

**42** 이관 민간 역학조사관 인터뷰(「방역 최전선의 영웅들! 계명대 대구동산병원, 대구가톨릭대병원 음압병동의 리얼 현장 다큐」, YTN 사이언스 2020년 4월 27일).

**43** 조PD의 팩트체크 「역학조사 담당 공무원」, 2020. 4. 26, https://www.youtube.com/watch?v=l92fSvz3syY.

**44** Choe Sang-Hun, "MERS Virus's Path: One Man, Many South Korean Hospitals," *The New York Times* June 8, 2015.

**45** 박미정 「코로나19 추적 조사와 프라이버시 (1)」, 『BRIC View』, 2020-TX6, 2020.

**46** '감염병의 예방 및 관리에 관한 법률'(법률 제13392호 2015. 7. 6. 일부 개정) 제34조의2(감염병 위기 시 정보공개).

**47** 「동선을 그리는 사람들」, 스누새편지 서른두번째, https://bird.snu.ac.kr/story/36.

**48** 이 절은 합동 역학조사팀에서 발표한 다음 논문을 참고하여 정리했다. 별다른 인용 표기가 없을 경우 모두 다음 논문을 인용한 것이다. Shin Young Park et al., "Coronavirus Disease Outbreak in Call Center, South Korea," *Emerging Infectious Disease* Vol. 26, No. 8, 2020.

**49** 같은 곳.

**50** 김관욱 「미소 띤 ARS: 메를로퐁티의 몸 현상학으로 본 콜센터 여성 상담사의 감정 '이상의' 노동」, 『한국문화인류학』 51집 1호, 2018; 오범조·이승용·조채린 『코로날러지』, 토일렛프레스 2020, 54면. 원문의 그림을 다시 그렸다.(일러스트: 채황)

**51** Shin Young Park et al., 앞의 글 1669면.

**52** KBS 「4·16 세월호 참사 6주기 기억식」, 2020. 4. 16, https://www.youtube.com/watch?v=2ydn7K9yarY&t=4534s.

**53** 「개학식 영상이 떴다, 교가를 시작하자 23개의 돌림노래가 됐다」, 『한겨레』 2020년 4월 25일.

**54** 박현정 「온라인 수업에서도 '관계'가 먼저」, 『한겨레21』 1311호, 2020년 5월 11일.

**55** 「급식_지정좌석제 안내 동영상_코로나 극복 프로젝트」, https://www.youtube.com/

watch?v=TcsjQEYdI44 (최종 접속일: 2020. 7. 1, 현재 비공개 동영상으로 전환되었다).

**56** 「"학교 급식 지정좌석제 코로나 예방 효과 만점"」, 『한국교육신문』 2020년 6월 2일.

**57** 교육부 보도자료 「1단계 등교수업 현황 자료」, 2020. 5. 27.

**58** 같은 곳.

**59** 유재규 「첫 등교개학 초3·4학년생 '거리두기' 실천 … 학부모는 '근심'」, 『뉴스1』 2020년 6월 3일; 신하영 「'마스크 수업' 선생님도 힘들다 … 교사 56% '호흡곤란 등 호소'」, 『이데일리』 2020년 5월 26일.

**60** 김원철 「무대 위 안전거리 기준으로 '도쿄안'과 '뮌헨안' 등장」, 『SPO』 2020년 8월호 48면.

**61** 서울시립교향악단 「오스모 벤스케와 함께하는 서울시향 온라인 콘서트」, 2020. 5. 29, https://www.youtube.com/watch?v=gZ90FEgq-9Q; 「벤스케 서울시향 음악감독 "모든 여건 바뀌어도 음악의 질은 타협 없죠"」, 『서울경제』 2020년 6월 7일.

**62** 조너선 스톡해머·노승림 「최소한의 제스처로 이끄는 최대한의 감동」, 『SPO』 2020년 9월호 12면.

**63** 인용은 순서대로 송연화·노민언 「꽉 찬 객석에서 나오는 에너지가 그립습니다」, 『SPO』 2020년 7월호 33면; 황진규 「이 잔인한 역설 속에서도」, 『SPO』 2020년 8월호 35면; 서울시향 「서울시향 온라인 콘서트 '오스모 벤스케의 그랑 파르티타'」, 2020. 6. 7, https://www.youtube.com/watch?v=KfvYLDE5pl8.

**64** 인용은 순서대로 김문경 「Program Note II」, 『SPO』 2020년 7월호 18면; 유지원 「달달함을 독하게도 바꾸는 화학적 변성의 마법: 죄르지 쿠르탁의 소리 우주에 잠겨」, 『SPO』 2020년 8월호 9면.

**65** 「"코로나 덕? … 베토벤 '합창' 원전 그대로 연주"」, 『매일경제』 2020년 11월 13일.

**66** 야코 쿠시스토 「악성 최후의 역작 베토벤 교향곡 9번을 편곡하다」, 『SPO』 2020년 12월호 30면; 「"코로나 덕? … 베토벤 '합창' 원전 그대로 연주"」, 『매일경제』 2020년 11월 13일.

**67** 최진·유윤종 「소리의 마지막 순간을 완성하는 미다스의 손」, 『SPO』 2021년 4월호 40면; 「성악가도 KF94 마스크 쓰고 노래 … 코로나 공연 '특급작전'」, 『중앙일보』 2020년 12월 21일.

**68** 박성준 「코로나 연대의 모범 보여준 서울시향의 합창교향곡 랜선라이브」, 『세계일보』 2020년 12월 24일; 김문경 「그럼에도 불구하고 희망을 노래하다」, 『SPO』 2021년

2월호 39면.

**69** 김수련 외 『포스트 코로나 사회』, 글항아리 2020, 35면.

## 3장 피서는 끝났다: 뜨거운 공기 앞에서 우리는 어디로 도망치고 있는가

**1** 환경부 보도자료 「올해 폭염, 산림 제외 모든 인프라에 스트레스 높아」, 2018. 9. 14

**2** 「인간과 환경 시즌 2: (18) 옥상녹화」, 『경남신문』 2018년 9월 20일.

**3** 「올여름 고수온에 양식어 708만마리 폐사」, 『경향신문』 2018년 9

**4** 송성환·박혜진·김용렬 『농촌현장 폭염피해 현황과 대응방 분석 53호, 한국농촌경제연구원 2018.

**5** 「폭염 르포: 땀샘 없는 닭 오늘도 쓰러진다 … 폐사 가축 93%가 닭」, 『노컷뉴스』 2018년 8월 2일.

**6** 「유례없는 무더위에 해수욕장 특수 실종 '폭염의 역설'」, 『한국일보』 2018년 8월 30일.

**7** 「'펄펄' 끓는 이상 기후 덕에 '훨훨' 나는 가전유통」, 『헤럴드경제』 2018년 8월 14일.

**8** 정유진 「정유진의 사이시옷: 올 여름 폭염이 남긴 교훈」, 『경향신문』 2018년 8월 28일.

**9** 「"한국 '5개월 여름' 시간문제… 폭염만큼 센 한파 올 수도"」, 『매일경제』 2018년 8월 15일.

**10** NOAA National Centers for Environmental Information, "State of the Climate: Global Climate Report for March 2020," April 2020, https://www.ncdc.noaa.gov/sotc/global/202003/supplemental/page-2 (2021년 1월 3일 접속).

**11** 「살찌고 십흔 사람은 해안으로 피서」, 『동아일보』 1928년 7월 3일.

**12** 「이열치열」, 『동아일보』 1935년 7월 13일.

**13** 「60년대 신어」, 『동아일보』 1969년 12월 20일.

**14** 「바캉스 특급 만개 … 파도를 타는 낭만도 넘실」, 『조선일보』 1973년 7월 11일.

**15** 「피서 인파 200만」, 『경향신문』 1973년 7월 30일.

**16** 「내무부 '인파예보제' 실시 버스터미널 등서」, 『매일경제신문』 1979년 7월 18일; 「뜨거웠던 여름 인구 대이동: 피서 연인원 2천3백만 … 작년 比 배 늘어」, 『매일경제

신문』 1981년 8월 21일.

**17** 강준만 「한국 바캉스의 역사: '전쟁'과 '지옥'으로 가는 탈출?」, 『인물과 사상』 100호, 2006; 「횡설수설」, 『동아일보』 1983년 8월 4일.

**18** 「더위 퇴각」, 『동아일보』 1994년 8월 21일.

**19** 「'폭염 기승' 바캉스 작전 다시 짜라」, 『경향신문』 1994년 7월 22일; 「피서정보/컴퓨터통신망 이용 급증/관광공사, 7,8월 이용실적 조사」, 『서울신문』 1994년 9월 1일; 「르포 '94: "열대야 탈출" 한강고수부지 휴일엔 10만」, 『경향신문』 1994년 7월 29일; 「폭염 대구, 익사·폭력 속출 냉방병 환자 급증」, 『연합뉴스』 1994년 7월 13일; 「'더위병 증후군' 급증」, 『경향신문』 1994년 7월 22일.

**20** 「종교계, 기우제 등 가뭄 극복에 나서」, 『연합뉴스』 1994년 7월 22일; 「"방방곡곡 단비를 주옵소서…"」, 『조선일보』 1994년 7월 29일; 「선농단 기우제」, 『경향신문』 1994년 7월 30일; 「여의도 광장서 기우제」, 『동아일보』 1994년 7월 31일.

**21** 박정임 외 『기후변화가 건강에 미치는 영향 및 적응대책 마련』, 한국환경정책·평가연구원 2015; Jan Kyselý and Jiyoung Kim, "Mortality during heat waves in South Korea, 1991 to 2005: how exceptional was the 1994 heat wave?" *Climate Research* Vol. 38, No. 2, 2009; 기상청 보도자료 「인명피해가 가장 많은 기상재해는 '폭염'」, 2012. 7. 31.

**22** 「기상 대란 지구촌 재앙 현장을 가다: (3) 지구온난화 비상—2025년 한반도는 아열대로」, 『경향신문』 1998년 8월 21일.

**23** 「정부 긴급폭염대책본부 구성 … "폭염, 앞으로 계속될 재난 유형"」, 『연합뉴스』 2018년 7월 27일.

**24** 「민·관·군, 휴일에도 폭염 대응 '총력'」, 『남도일보』 2018년 8월 5일.

**25** 「무안군, 축산농가에 폭염 피해 예방 시설 긴급 지원」, 『매일일보』 2018년 7월 24일; 「이승옥 강진군수, 폭염 현장 소통행정 연일 강행군」, 『매일일보』 2018년 8월 5일.

**26** 대한예방의학회·한국역학회 폭염 공동 성명 「올해 폭염은 메르스 유행과 같은 공중보건 위기 상황이다」, 2018. 8. 5.

**27** 「올 여름 폭염 피해자, 최대 1천만원 재난지원금 받는다」, 『한겨레』 2018년 12월 2일.

**28** 「"더울 땐 집이 최고" … 홈캉스 선호도 5배 급증」, 『한국경제』 2018년 8월 19일; 권혁남 「코로나 시대 여름나기」, 『전북일보』 2020년 8월 27일.

**29** 「"오보가 더 밉다" … 기상청 예보관에게 듣는 속사정」, YTN, 2016년 8월 22일,

https://www.ytn.co.kr/_ln/0108_201608221754051939.

**30** UNIST 폭염연구센터 「2020년 봄·여름철 폭염 전망」, 2020. 5. 26, https://www. heatwavekorea.org/forum/q-a-discussion/2020nyeon-yeoreumceol-pogyeom-jeonmang.

**31** 기상청 보도자료 「2020년 여름철 기상특성: 월별 기온 들쑥날쑥, 가장 긴 장마철에 많은 비」, 2020. 9. 8, https://www.kma.go.kr/notify/press/kma_list.jsp?bid=press&mode=view&num=1193919; 「야속한 장맛비 열흘은 더 온다 … 뒤엔 '예년 수준' 폭염」, 『한겨레』 2020년 7월 30일.

**32** 이명인 「역대급 폭염이라더니, 역대급 오보인가?」, 『경상일보』 2020년 8월 27일.

**33** 행정안전부 「무더위 쉼터 지정·운영 관리 지침」, 2018.

**34** 채여라·안윤정·김대수 「폭염 대비 무더위 쉼터의 실효성 제고 방안」, 『KEI 포커스』 4권 1호, 2016.

**35** 김현대 「폭염에 생사 오가는 홀몸노인들」, 『한겨레21』 1224호, 2018년 8월 13일.

**36** SBS, 뉴스토리 195회, 2018년 8월 25일, https://programs.sbs.co.kr/culture/newstory/vod/53988/22000293106.

**37** 행정안전부 「「코로나바이러스감염증-19」 예방을 위한 무더위 쉼터, 임시주거시설, 지진대피장소 등에 관한 운영지침」, 2020. 7. 원문의 그림을 다시 그렸다.(일러스트: 채황)

**38** 같은 곳; 노원구 「노원구, 폭염에 대비한 '어르신 무더위 쉼터' 운영한다」, 2020. 7. 8, https://www.nowon.kr/www/user/bbs/BD_selectBbs.do?q_bbsCode=1027&q_bbscttSn=20200708103225424; 대구광역시 「코로나19가 2020년 폭염대책 패러다임을 바꾸다!」, 2020. 6. 4.

**39** 고용노동부 산업보건과 보도자료 「일터 폭염 대비 3대 기본수칙(물, 그늘, 휴식) 준수 지도 강화」, 2021. 5. 31.

**40** 전국건설노동조합 보도자료 「끓는 폭염보다 더 끓게 하는 '있으나마나 건설 현장 폭염 안전 규칙'」, 2018. 7. 24, https://www.kcwu.or.kr/statement/63972.

**41** 『한겨레21』의 보도에 따르면 다음과 같은 발의안들이 있다. 이정미 정의당 의원 대표 발의안(2018년 9월 13일), 정동영 민주평화당 의원 대표 발의안(2018년 9월 17일), 임이자 자유한국당 의원 대표 발의안(2018년 10월 31일). 변지민 「38℃까진 멈추지 말고 일하라」, 『한겨레21』 1270호, 2019년 7월 15일.

**42** 기상청 보도자료 「폭염특보 발표 시 습도 반영, 태풍 등급 '초강력' 신설!」, 2020. 5.

8. 원문의 그림을 다시 그렸다.(일러스트: 채황)

**43** 김양호 외 「옥외 작업에서의 온열환경 평가 및 온열지수 비교」,『한국환경보건학회지』 42권 2호, 2016; 이선웅 「폭염이 지나간 흔적이 가리키는 것」,『매일노동뉴스』 2019년 8월 8일; 일터건강을 지키는 직업환경의학과의사회 「폭염 속에서 일하는 노동자 보호를 위한 일터건강을 지키는 직업환경의학과의사회의 의견」, 2018. 8. 3, https://oemdoctors.tistory.com/78.

**44** 국가인권위원회 「기후여건에 따른 건설노동자 노동환경 개선 권고」, 2020. 10. 29, https://case.humanrights.go.kr/ezpdf/customLayout.jsp?bencdata=L25hcy9XZWJBcHAvZmlsZXMvZGVjaXNfZGV0YWlfZmlsZS8yMDIxLzAyLzAyODczNUVBBLUIyNzEtNEJCNS1BOUYyLTBBQkM4NkVGRDI1RC5wZGYmZmFsc2UmZmFsc2UmZmFsc2U=.

**45** '폭염 시민 모니터링' 프로젝트에 대한 서술은『한겨레21』 페이스북에 올라 있는 동영상과 『한겨레21』 기사를 바탕으로 정리한 것이다. https://www.facebook.com/watch/live/?v=718107155295175&ref=watch_permalink.; 「당신의 일터는 얼마나 덥나」,『한겨레21』 1276호, 2019년 8월 26일.

**46** 이지수·김만규·박종철 「서울의 사회·경제적 요인이 고온 현상 발생 시 사망자에 미치는 영향」,『한국지역지리학회지』 22권 1호, 2016.

**47** 한국환경정책·평가연구원 기후변화리스크연구단『2020 폭염영향 보고서』, 2020.

**48** 채여라·최영웅『시민 참여를 통한 사회·경제적 환경 여건별 폭염 체감 영향 분석』, 한국환경정책·평가연구원 2019, 49~55면.

**49** 같은 책 46면.

**50** 최우석『체감형 도시폭염 실태 평가 및 모의기술개발 기획연구』, 서울기술연구원 2019, iv면.

**51** Moon-Soo Park et al., "A Building-Block Urban Meteorological Observation Experiment (BBMEX) Campaign in Central Commercial Area in Seoul," *Atmosphere* Vol. 11, No. 3, 2020, 19면.

**52** 「'대프리카' 대구, 도시로의 바람길 연결숲 확보 절실하다」,『Landscape Times』 2019년 11월 1일.

**53** 엄정희 외『도시 바람길숲 조성 기본계획 수립 용역 최종보고서』, 대구광역시 2019.

**54** 김수봉 「산림청 '바람길숲' 조성사업과 슈투트가르트의 교훈 ①」,『Landscape Times』 2019년 11월 27일.

**55** 김수봉 「산림청 '바람길숲' 조성사업과 슈투트가르트의 교훈 ②」, 『Landscape Times』 2019년 12월 5일.

**56** 「무늬만 '바람길' 조성 … "도시계획 단계부터"」, KBS, 뉴스9, 2019년 12월 11일, https://news.kbs.co.kr/news/view.do?ncd=4341460.

**57** 이혜미 『착취도시, 서울』, 글항아리 2020, 35면.

**58** 황승식 외 『2018 폭염에 의한 건강피해 연구』, 질병관리본부 2019, 81면.

**59** 하춘·김혜민 『도시 빈곤층의 공동체 형성 고찰: 서울시 쪽방 밀집지역 저렴쪽방 중심으로』, 작은연구 좋은 서울 18-13, 서울연구원 2019, 9면.

**60** 이문영 『노랑의 미로: 가난의 경로 5년의 이야기』, 오월의봄 2020.

**61** 탁장한 「빈곤밀집지역 내부의 인간관계 탐구: 쪽방촌과 영구임대아파트의 차이를 중심으로」, 『IDI 도시연구』 17호, 2020; 이원호 「서울지역 5대 쪽방의 실태: 서울역 편」, 『쪽방신문』 6호, 2020년 7월 15일, http://homelessaction.or.kr/xe/index.php?document_srl=830717&mid=hlnews.

**62** 「서울역 쪽방촌 토지·건물주 반발 … "협의 없이 기습적 발표"」, 『뉴시스』 2021년 2월 10일.

**63** 이혜미, 앞의 책.

**64** 참여연대 「주거권 보장이 홈리스에 대한 코로나19 방역대책이다」, 2021. 2. 18, http://www.peoplepower21.org/Welfare/1766932.

**65** 농촌진흥청 국립축산과학원 『폭염을 이겨내기 위한 고온기 가축 및 축사관리 기술서』, 2010, 54면.

**66** 같은 책 7~8면.

**67** 한승태 『고기로 태어나서』, 시대의창 2018, 15면.

**68** 기상청 『한국 기후변화 평가보고서 2020: 기후변화 과학적 근거』, 2020.

**69** 심창섭 외 『저출산·고령화를 고려한 폭염 노출 위험 인구 전망 및 지역별 대응전략』, 한국환경정책·평가연구원 2019.

**70** 박범순 「도망칠 수 없는 시대의 난민, 인류세 난민」, 『과학잡지 에피』 10호, 2019.

**71** 인용은 순서대로 「낮엔 복지관 밤엔 쉼터 … 에어컨 찾아 떠도는 노인들」, 『한겨레』 2018년 8월 5일; 「노점 주인은 대피 … 구청엔 '폭염 난민 텐트'」, 『조선일보』 2018년 8월 2일; 「"버스 40분 타고 간다" 요즘 어르신 핫플, 무더위 쉼터」, 『중앙일보』 2019년 8월 8일.

**72** 같은 곳.

## 에필로그  광화문의 공기

**1** 전치형 「광화문 광장의 공기」, 『한겨레』 2020년 8월 28일.

**2** 힘펠 환기청정기 홍보영상, 2020. 7. 16, https://youtu.be/TYAtyP9DBMU.

# 이미지 제공처

# 감사의 말

이 책은 카이스트 인류세연구센터에 참여하고 있는 저자들이 인간과 지구의 새로운 관계를 포착하려는 프로젝트의 일환으로 출발했다. 센터장 박범순 교수님을 비롯하여 인류세 연구를 함께 하는 모든 분들의 관심과 지원이 있었기에 무사히 작업을 마무리할 수 있었다. 연구 현장 방문과 인터뷰 요청에 흔쾌히 응해주신 박문수(세종대), 성민기(세종대), 엄정희(경북대), 이명인(유니스트), 이주영(서울대) 교수님 덕분에 2장과 3장에 한층 흥미로운 공기풍경들이 담겼다. 황승식(서울대), 최형섭(서울과학기술대), 강연실(드렉셀대) 교수님과 정은주 편집장님(『한겨레21』)의 논평은 2장을 수정하는 데 큰 도움이 되었다. 카이스트 과학기술정책대학원에서 함께 공부하는 정한별, 조승희, 신희선, 조엘 샴팔레는 전체 원고를 읽고 유익한 논평을 해주었다. 미세먼지를 다룬 1장은 『과학잡지 에피』 8호(2019년 여름)에 「공기풍경 2019」라는 제목으로 발표했던 글을 수정한 것이다. 「공기풍경 2019」를 확장하여 책으로 만들 것을 제안하고 그 과정을 끝까지 꼼꼼하게 챙겨주신 창비의 김새롬 편집자께 감사드린다.

# 호흡공동체
미세먼지, 코로나19, 폭염에 응답하는 과학과 정치

초판 1쇄 발행 / 2021년 6월 25일

지은이 / 전치형 김성은 김희원 강미량
펴낸이 / 강일우
책임편집 / 김새롬 신채용
조판 / 신혜원
펴낸곳 / (주)창비
등록 / 1986년 8월 5일 제85호
주소 / 10881 경기도 파주시 회동길 184
전화 / 031-955-3333
팩시밀리 / 영업 031-955-3399  편집 031-955-3400
홈페이지 / www.changbi.com
전자우편 / human@changbi.com

ISBN 978-89-364-8678-5  03330

＊ 이 책은 정부(과학기술정보통신부)의 재원으로 한국연구재단의 지원을 받아
  수행된 연구(NRF-2018R1A5A7025409) 성과의 일환입니다.